Susanne Irmler-Martin

# Sauerkraut

## Selbermachen, Gesundheit, Tradition

Ulmer

# Inhalt

## Von Kohl und Kraut

# Die *Wiederentdeckung* eines alten Gemüses

Obwohl Sauerkraut bekanntlich sehr gesund ist, führte es viele Jahrzehnte ein Schattendasein. Doch es ist ein tolles Lebensmittel, das jetzt mit Recht seinen Platz in der modernen Küche erobert hat. Vielseitig – mal herzhaft, mal süß oder pikant, als Vorspeise oder Hauptgericht – bietet es Ihnen jede Menge Möglichkeiten zur kulinarischen Kreativität. Da es außerdem haltbar ist, in Dosen oder Beuteln und saisonal beim Metzger frisch erhältlich, steht es uns praktisch rund um die Uhr zur Verfügung. Viele unter Ihnen greifen sicher auch aus Gründen des Umweltbewusstseins zum Sauerkraut, weil es aus heimischem Gemüse gemacht wird und Sie nicht auf importierte Gemüsesorten zurückgreifen möchten.

## Gesunder Kohl, noch gesünderes Sauerkraut

Wenn aus Weißkohl durch Säuerung Sauerkraut entsteht, kann der ohnehin schon hohe Gesundheitswert des Kohls noch getoppt werden. Denn im Vergleich zum Weißkohl enthält Sauerkraut einige Inhaltsstoffe, die Ihre Gesundheit noch besser stärken können. Die Milchsäure, die beim Säuern gebildet wird, der hohe Ballaststoffgehalt, die sekundären Pflanzenstoffe, denen eine Anti-Krebswirkung nachgesagt wird, machen in der Summe das Sauerkraut zum idealen Gemüse.

## Wieso Sauerkraut selber machen?

Vielleicht aus der Experimentierfreude heraus, die Sie gepackt hat; weil Sie einfach wissen möchten, wie aus dem normalen Weißkohlkopf die säuerlichen, weißen Fäden entstehen. Man könnte auch sagen: Back to the roots. Vielleicht auch, weil Sie von den Wirkungen auf die Gesundheit – von der Verdauung bis zur Krebsvorbeugung – begeistert sind. Möglicherweise starten Sie das Projekt Sauerkrautmachen aber auch aus den gleichen Gründen, aus denen Liebhaber ihre eigenen Marmeladen herstellen: Es schmeckt einfach besser! Und Sie wissen genau, was drin ist in Ihrem Lebensmittel.

Wer sich darauf einlässt, benötigt eine Anleitung und das richtige Equipment – wie es geht, erfahren Sie Schritt für Schritt in diesem Buch. Außerdem locken fantasievolle Rezepte an den Herd: Herrlich frische Sauerkrautsalate werden nicht nur Rohkostfreunde begeistern; Suppen, ausgefallene Aufläufe und Rezepte mit internationalen Einflüssen von Asien bis USA bringen neue Geschmackserlebnisse. Sie erfahren, wie Sie Ihr Sauerkraut variantenreich würzen können, sodass selbst Klassiker-Gerichte wie Sauerkraut mit Würstchen etwas Besonderes werden. Sie werden überrascht sein, dass Sauerkraut nicht nur deftig kann, sondern auch Desserts sowie Kuchen verfeinert und zusammen mit edlen Zutaten zu kulinarischen Arrangements wird, die einen Hauch von Sterneküche haben.

Viel Spaß beim Ausprobieren und Genießen,

Ihre

# Von Kohl und Kraut

# Geschichte und Hintergründe

Wer zuerst auf die Idee mit dem Einsäuern von Kraut kam, weiß man nicht so genau. Was man aber weiß: Beim Bau der Chinesischen Mauer um 300 v. Chr. aßen die Bauarbeiter täglich Reis mit saurem Kohl.

Laut den Historikern haben mongolische Völker den sauren Kohl nach Europa eingeführt. Außerdem steht eines fest: Der hohe gesundheitliche Wert des Sauerkrauts wurde schon früh erkannt und dokumentiert. In einer Nürnberger Doktorarbeit von 1737 ist zu lesen, dass Sauerkraut Skorbut verhindert. Skorbut, eine eher seltene Vitamin-C-Mangelkrankheit, führt zur Schwächung des Immunsystems, des Bindegewebes und des Zahnhalteapparates. Dass der gesäuerte Kohl eine Geheimwaffe dagegen ist, scheint den Seefahrern Anfang des frühen 18. Jahrhunderts bekannt gewesen zu sein. Denn Kapitän Cook und seine Männer nahmen fässerweise Sauerkraut mit, um sich vor dieser gefährlichen Mangelerkrankung zu schützen. Wir sind heute in der glücklichen Lage, durch das reiche Angebot an Vitamin-C-Trägern in der Nahrung in der Regel keine Mangelkrankheiten zu bekommen. Deshalb können wir uns auf die Abwechslung in der Auswahl dieser Lebensmittel konzentrieren, sodass der Essgenuss im Fokus steht.

## Die lieben Verwandten: Die Kohl-Familie

Das Sprichwort „Der Apfel fällt nicht weit vom Stamm“ meint, dass Kinder ähnliche Eigenschaften haben wie ihre Verwandten. So ist es auch beim Weißkohl. Er stammt nämlich aus einer riesigen Pflanzenfamilie, die in unserer Ernährung eine große Rolle spielt. Wäre sie in Form eines Stammbaums dargestellt, dann sähen wir die Familie der Kreuzblütler (lat. Brassicaceae) als Baum, bei dem einer der riesigen Seitenäste die Gattung *Brassica* darstellt und sich in 41 Arten verzweigt. Viele dieser Arten werden als Gemüse und Gewürze genutzt, andere haben in der Gewinnung von Heilmitteln und Ölen eine große wirtschaftliche Bedeutung (siehe Kasten). Und genau eine dieser wichtigen Arten ist unser Gemüsekohl.

Bis unsere Lebensmittel zu dem wurden, wie wir sie heute kennen, bedurfte es einer langen Entwicklung. Es brauchte Tausende von Jahren, bis unsere Nahrungsmittel, unser Gemüse, Getreide und Obst durch Kultivierung

Kohlernte um 1700. Schon im 18 Jahrhundert wusste man, dass Sauerkraut Skorbut verhindert.

## Das erste Sauerkrautrezept

*In den Überlieferungen des römischen Naturforschers Plinius findet sich schon ein erstes Sauerkrautrezept aus dem 1. Jahrhundert n. Chr. Er beschrieb, wie die Römer für ihre Seereisen den Kohl, der an den Küstengebieten geerntet wurde, haltbar machten. Der Kohl wurde sorgfältig gesäuert, in zuvor ausgetrocknete Ölkrüge gegeben und gesalzen. Dann wurden die Krüge luftdicht verschlossen. Heute wissen wir, dass dadurch eine Milchsäuregärung in Gang gesetzt wurde, wodurch letztlich Sauerkraut entstand.*

und Pflanzenzüchtung entstanden sind. Sie können sich vorstellen, dass unsere Vorfahren in verschiedenen Ländern der Erde, viel experimentiert haben was die Nahrung angeht. Einige Pflanzen schmeckten besser und kamen damit gut an, sodass sie häufiger angebaut wurden. Mit der Zeit kam man auch auf die Idee, verschiedene Pflanzenteile zu nutzen und diese durch geschickte Anbaumethoden und Kreuzungen zu optimieren. Somit bildeten sich dann die verschiedenen Kulturformen heraus, die wir heute kennen. Die Favoriten wurden danach von einem Land ins andere gebracht. Zum Beispiel durch die zahlreichen Völkerwanderungen oder auf Eroberungszügen lernte man die fremdländischen Pflanzen und Gewürze kennen, die man mit ins Heimatland brachte, wodurch sie letztlich verbreitet wurden.

Die Wiege des Kohl-Gemüses liegt im Mittelmeerraum und seine Beliebtheit als Kultur- und Heilpflanze reicht bis in die Antike zurück. Im alten

## Eine kleine botanische Fachsimpelei

**Die Verwandtschaft des Gemüsekohls:**

- *Brassica oleacea:* der Gemüsekohl, mit vielen Kulturformen
- *Brassica rapa:* Chinakohl und Speiserüben
- *Brassica napus:* Raps (Ölgewinnung) und Kohlrüben
- *Brassica nigra:* Schwarzer Senf (Würzpflanze, Bestandteil des Senfs)

**Die direkten Verwandten des Gemüsekohls:**

- *Brassica oleacea* convar. *oleraceae:* Rosenkohl, Strauchkohl
- *Brassica oleacea* convar. *acephala:* Grünkohl, Kohlrabi
- *Brassica oleacea* convar. *capitata:* Wirsingkohl, Weißer und Roter Kopfkohl
- *Brassica oleacea* convar. *botrytis:* Brokkoli, Blumenkohl

*Die wissenschaftliche Abkürzung* convar. *steht für Convarietät, das sind Züchtungsformen bei Kulturpflanzen.*

Griechenland und bei den Römern wurde Kohlgemüse in jedem Gemüsegarten angebaut und man nutzte ihn sogar als Heilpflanze. Die direkten Verwandten des Gemüsekohls haben sich dann aus den Wildkohlsippen durch Kultivierung herausgebildet. Bei den verschiedenen Varietäten wurden schließlich auch ganz unterschiedliche Pflanzenteile genutzt.
**Rosenkohl** ist vermutlich ein Kreuzungsprodukt zwischen dem uns wenig bekannten Baumkohl und dem Wirsingkohl. Er ist eine zweijährige Pflanze, deren Stängel im ersten Jahr unverzweigt bleibt. Die Laubblätter haben lange Stiele und deren Achselknospen entwickeln sich zu kleinen, kugeligen Köpfchen (Röschen), die als Gemüse genutzt werden. Die geschmackliche Qualität der Röschen wird durch Frosteinwirkung gesteigert. Rosenkohl hat wie Grünkohl eine bittere Note, die jedoch durch mehr Süße kompensiert wird.
**Grünkohl** hat seine Heimat im östlichen Mittelmeerraum. Im Vergleich zu den anderen Kohlarten, die bei uns überall in der Küche gut eingeführt sind, war der Grünkohl – bis die grünen Smoothies mit Grünkohl aufgekommen sind – vorwiegend ein sehr beliebtes Wintergemüse der nördlichen Bundesländer. Diese sind im Anbau nach wie vor führend. Wegen der Vielzahl an wertvollen Inhaltsstoffen könnte man Grünkohl als den Spitzenreiter unter den Gemüsearten überhaupt bezeichnen, weswegen die Verfechter von Smoothies von ihm natürlich so begeistert sind. Geschmacklich kann er als herb-bitter bis erdig beschrieben werden, was die einen mögen, die anderen hassen.

Die Verwandtschaft des Gemüsekohls ist sehr vielfältig.

**Blumenkohl** unterscheidet sich von den anderen Verwandten insofern, dass man nicht die Blätter als Gemüse nutzt, sondern die Infloreszenzen, das heißt die „Blumen". Die „Blume" kann sortentypisch weiß, cremefarbig oder schwefelgelb bis grün sein. Im Geschmack ist Blumenkohl süßlich mild mit einem kohlartigen Hauch.

**Brokkoli** ist durch Veränderungen der Verzweigungen der Stängel entstanden, die ständig kürzer und fleischiger wurden. Der Brokkoli steht der Ausgangssippe noch näher als der Blumenkohl, dessen Stängel vollständig gestaucht sind. Bei Brokkoli essen wir die voll entwickelten Blütenknospen (geerntet im noch geschlossenen Zustand) mit den fertig ausgebildeten Pollenkörnern in den Staubgefäßen. Verwendbar sind ebenfalls die Stiele. Von Brokkoli gibt es weiße, grüne und violette Formen. Bei uns werden in der Regel die grünen Sorten bevorzugt. Im Vergleich zum Blumenkohl schmeckt Brokkoli würziger; der Strunk, den Sie ebenfalls sehr gut verwenden können, ähnelt im Geschmack mit seiner herben Note dem des Spargels.

In manchem ähneln sich Verwandte, in manchem könnten sie nicht unterschiedlicher sein: Die meisten der hier vorgestellten lieben Verwandten des Weißkohls, nämlich Blumenkohl, Brokkoli, Kohlrabi, Grünkohl und Rosenkohl, können gekocht und roh gegessen werden. Roh sind sie allerdings weniger bekömmlich als in gegartem Zustand. Weißkohl dagegen eignet sich nicht als Rohkost, da er viel zu schwer verdaulich ist. Es konnte nachgewiesen werden, dass das Kalzium aus den Kohlarten vom menschlichen Körper ebenso gut verwertet wird wie Kalzium aus Milch und Milchprodukten. So wird Kohlgemüse insbesondere für Personen mit ausgeprägter Milchallergie oder für Veganer zu einem wichtigen Kalziumlieferanten.

Übrigens: Irrtümlicherweise wird oft angenommen, der **Chinakohl** (*Brassica rapa* var. *pekinensis*) gehöre zum Gemüsekohl. Er ist aber ein Abkömmling des Rübsen, dessen Blätter schon im Alten China gegessen wurden. In

Bei den heute angebauten Hybridsorten gleichen sich die Kohlköpfe wie ein Ei dem anderen.

Deutschland wird er erst seit den 1970er Jahren kultiviert. Die Koreaner verwenden ihn unter anderem zur Herstellung von Kimchi, der landesüblichen Variante von Sauerkraut (siehe Seite 64).

## Kopfkohl – ein Spitzengemüse

Als Kopfkohl bezeichnet man grundsätzlich alle Kohlarten, bei denen die Blätter noch vor der Blüte einen mehr oder weniger festen Kopf bilden. Dazu zählen z.B. Weiß-, Rot- und Wirsingkohl. Mit einer Jahresernte von ca. 70 Millionen Tonnen stehen sie nach Tomaten, die weltweit das Top-1-Gemüse sind (161 Millionen Tonnen), und Zwiebeln (87 Millionen Tonnen) an dritter Stelle der Weltjahresproduktion aller Gemüsearten (Quelle: FAO, Agrarmärkte 2013, Zahlen 2012.)

Für die Sauerkraut-Herstellung interessiert uns lediglich der Weißkohl, dessen Köpfe recht unterschiedlich geformt sein können: plattrund, flachrund, rund, ballonförmig, breit-eiförmig oder spitz-eiförmig. Die Blätter sind von Wachs überzogen und grüngelb bis blaugrau.

## Weißkohl aus der Region

Weißkohl ist nicht gleich Weißkohl. Es gibt die verschiedensten Sorten, die je nach Erntesaison in Früh-, Sommer-, Herbst- und Dauerkohl unterteilt werden. Am häufigsten wird Spätweißkohl kultiviert.

Im Jahr 2011 wurde in Deutschland auf insgesamt 6560 Hektar Weißkohl angebaut. Das größte deutsche Kopfkohlanbaugebiet finden wir in Dithmarschen. Diese Region liegt in Schleswig-Holstein zwischen der Nordsee, Eider, Elbe und dem Nord-Ostsee-Kanal. Die Lage hinter den Deichen mit ihren Westwinden, dem Seeklima und dem daraus resultierenden geringen Schädlingsbefall hat diese Marschgegend mit fruchtbarem Boden seit mehr als hundert Jahren zu einem bevorzugten Anbaugebiet für Kohl gemacht. Mehr als 50 % der jährlichen Weißkohlernte in Dithmarschen verarbeitet die Industrie zu Sauerkraut.

Die Filderebene ist eine fruchtbare Region, die sich südlich von Stuttgart auf rund 16 km erstreckt. Der hervorragende Lössboden ist für den Gemüsebau prädestiniert. Der Krautanbau hat seit dem 18. Jahrhundert in der Region Tradition. Berühmt ist das dort heute noch angebaute Spitzkraut (siehe Seite 15), das leider von den runden Kohlkopfsorten, wie die industrielle Verarbeitung sie verlangt, nahezu verdrängt wurde.

Für die industrielle Herstellung von Sauerkraut bevorzugt man Sorten mit festen, schweren Köpfen, die dünne Blätter und Blattrippen sowie einen kurzen Innenstrunk aufweisen. Der Frischmarkt verlangt dagegen kleinere Weißkohlköpfe mit frischer, grüner Farbe, die eine einheitliche Qualität haben.

### Die wichtigsten Kohlanbaugebiete Deutschlands

- *Schleswig-Holstein: Marne, Dithmarschen, Glückstadt, Insel Fehmarn*
- *Mecklenburg-Vorpommern: Rostock, Insel Rügen*
- *Niederrhein: Neuss, Kampen-Krefeld, Straelen*
- *Baden-Württemberg: Filderebene bei Stuttgart*
- *Bayern: Niederbayern*
- *Brandenburg: Oderbruch*

Ganz frisch vom Feld – Spitzkraut auf dem Markt.

## Was hat der Weißkohl im Kopf?

Weißkohl galt bis zur Mitte des 20. Jahrhunderts in weiten Teilen Europas als das wichtigste Gemüse, da er sich im frischen Zustand, als Lagergemüse und verarbeitet zu Sauerkraut in der Küche vielseitig verwenden lässt. Dank seines hohen Vitamin-C-Gehaltes, den Ballaststoffen, dem Gehalt an ätherischen Ölen und Fruchtsäuren ist er ernährungsphysiologisch sehr wertvoll. Der typische Weißkohlgeschmack wird von schwefelhaltigen Aromastoffen, den Senfölglykosiden, bestimmt, deren Gehalt von Sorte, Boden, Witterung und Kulturmaßnahmen abhängt. Nachweislich haben diese sekundären Inhaltsstoffe eine antibakterielle Wirkung und können das Risiko, an Darmkrebs zu erkranken, vermindern. Einen Überblick über die Inhaltsstoffe sowie deren Wirkungen auf die Gesundheit finden Sie ab Seite 21.

## Weißkohl kaufen

Der Weißkohl darf nur in den Handel kommen, wenn er den festgelegten Qualitätsnormen der Wirtschaftskommission der Vereinten Nationen (UN-

ECE) entspricht. Neben bestimmten Mindesteigenschaften, die ein Kopfkohl haben muss (gesund, frei von Schädlingen), gibt es zwei Handelsklassen, nämlich I und II, die man auch genau so im Handel ausgezeichnet findet. Weißkohl der Handelsklasse I ist von guter Qualität, das heißt, er hat einen festen Kopf, eng anliegende Blätter und es dürfen gerade einmal einige Deckblätter fehlen. Bei der Klasse II sind dagegen auch Risse in den Außenblättern, fehlende Außenblätter, stärkere Druckstellen und Verfärbungen infolge von Frost erlaubt. Ebenso sind bei den Mindestkopfgrößen (bei Frühkohl: 350 g, ansonsten 500 g/Kopf) bei der Handelsklasse II größere Abweichungen zugelassen.

Die Regeln sind wichtig, weil sie die Haltbarkeit bei der Lagerung des Kohls sichern und damit der Verbraucher einwandfreie Ware im Handel kaufen kann. Achten Sie deshalb darauf, Weißkohl der Handelsklasse I zu kaufen. So haben Sie beste Voraussetzungen, damit die Gärung zum Sauerkraut gelingt.

## Fertiges Sauerkraut kaufen

Sauerkraut wird in verschiedenen Ausprägungen und Verpackungen angeboten. Die Wahl hat einen Einfluss auf die Inhaltsstoffe und vor allem auch auf die Haltbarkeit des Sauerkrauts.

**Frisches Sauerkraut** wird von Biobauern teilweise direkt ab Hof vermarktet oder ist in kleinen Mengen in Metzgereien erhältlich. Große Reformhausunternehmen und teilweise sogar Metzgereien (siehe Bezugsquellen Seite 123) bieten Frischkost-Sauerkraut im Online-Shop an, das von September bis April lieferbar ist. Es wird wöchentlich frisch eingeschnitten und abgefüllt. Weil frisches Sauerkraut nicht erhitzt wird, enthält es die wertvollen, lebenden Milchsäurebakterien und das ganze natürliche Vitamin C. Im Vergleich zum üblichen Sauerkraut in Dosen, das wir in jedem Supermarkt finden, ist das frische Sauerkraut nicht pasteurisiert, also nicht hoch erhitzt und deshalb auch nur für kurze Zeit haltbar. Es ist zum schnellen Verzehr gedacht und besonders geeignet für Rohkost-Gerichte, bei denen Sie Wert auf den Erhalt aller Nährstoffe legen.

**Bio-Frischkost-L (+)-Sauerkraut** oder **Bio-L (+)-Diät-Sauerkraut** im Glas sind ebenfalls Spezialprodukte aus dem Reformhaus. Der Zusatz „L (+)“ steht für die darin enthaltene rechtsdrehende Milchsäure. Das Bio-L (+)-Diät-Sauerkraut wird ohne den Zusatz von Meersalz hergestellt und ist für eine streng natriumarme Diät (Natriumanteil durchschnittlich 0,004 g pro 100 g), zum Beispiel für Menschen mit hohem Blutdruck, geeignet.

**Pasteurisiertes Sauerkraut in Konservendosen** dagegen ist zwischen drei und vier Jahre haltbar und garantiert einen ständig abrufbaren Vorrat. Die

Frisch aus dem Gärtopf steckt das Kraut noch voller guter Inhaltsstoffe.

handelsüblichen Dosen gibt es mit Einwaagen zwischen 300 g und 810 g, mit entsprechenden Abtropfgewichten zwischen 285 g und 770 g Sauerkraut. Für den größeren Verbrauch, wie etwa in der Gastronomie, gibt es auch 10-Liter-Eimer, die analog zu den kleineren Dosen hergestellt werden. In Plastikeimern kann frisches Sauerkraut bei Temperaturen zwischen 5 und 12°C etwa drei bis vier Wochen gelagert werden.

**In Folienbeuteln** abgepackt gibt es Sauerkraut in sehr kleinen Mengen zu kaufen. Die Haltbarkeitsdauer beträgt dann etwa ein bis zwei Jahre. Nach dem Öffnen gilt, genauso wie für geöffnetes Dosenkraut: Reste kühl lagern und bald verbrauchen.

**Sauerkrautfertigmenüs**, die gekochtes Fleisch, Schinken oder Speck enthalten, sind fertig gewürzt und eine klasse Sache für die schnelle Küche.

**Sauerkraut im Glas** ist hinsichtlich des Gesamtabsatzes eine eher weniger gefragte Variante. In dieser Angebotsform ist Sauerkraut oftmals sterilisiert (muss auf dem Etikett gekennzeichnet sein) und ist so für mehrere Jahre haltbar gemacht. Diese Verarbeitungsweise bedingt allerdings die größten

Verluste an Vitaminen und anderen wichtigen Inhaltsstoffen, weshalb diese Form eher die zweite Wahl sein wird.

Beim Kauf von Sauerkraut immer auf das Verfallsdatum achten. Qualitativ einwandfreies Sauerkraut riecht angenehm säuerlich und ist von der Konsistenz immer leicht knackig.

## Kontrollierte Qualität

Der gesundheitsbewusste Verbraucher möchte über die Inhaltsstoffe und erlaubten Zusätze von Lebensmitteln informiert sein. Bei Sauerkraut gibt es jedenfalls keinen Grund zur Beunruhigung, denn es unterliegt ähnlich wie das deutsche Bier einem Reinheitsgebot mit strengen Kontrollen und Gesetzen.

Sauerkraut unterliegt in Deutschland dem Lebensmittelgesetz, worin genau geregelt ist, was Sauerkraut im eigentlichen Sinn ist und was es enthalten darf. Per definitionem entsteht Sauerkraut durch die natürliche Milchsäuregärung fein geschnittener Weißkohlstreifen, die zuvor durch die Zugabe von Kochsalz in Gang gesetzt wurde. Nur gesundes Ausgangsmaterial darf verwendet werden, wobei der Weißkohl vor der Weiterverarbeitung auf jeden Fall von den äußeren grünen Blättern befreit werden muss.

Lorbeer und Wacholderbeeren sind klassische Gewürze zum Sauerkraut.

## Welche Zusatzstoffe sind erlaubt?

Als wichtigste Beigabe gilt Salz, wobei Meersalz oder jodiertes Kochsalz verwendet werden dürfen oder eine vorgefertigte, gesättigte Salzlake zum Einsatz kommt. Gewürze, Kräuter, Speckwürfel und Essenzen dürfen dem Sauerkraut zugesetzt werden, ebenso wie natürliche Aromastoffe, Zucker oder Zuckeraustauschstoffe und Ascorbinsäure (Vitamin C). Zum geschmacklichen Ausbau des Sauerkrauts ist die Beigabe von Wein, Sekt oder auch Champagner erlaubt. Das Weinsauerkraut wird zum Beispiel unter Verwendung von Weißwein hergestellt, mit der Auflage, auf 50 kg Weißkohl 1 Liter Weißwein zu verwenden. Hierbei ist es dem Hersteller überlassen, ob er den Wein vor oder nach der Gärung zugibt. Analog erfolgt die Herstellung von Champagnerkraut, wobei nicht nachweisbar ist, ob nun tatsächlich wertvoller Champagner oder ein einfacher Sekt zugegeben wurde.

Für die Herstellung von Sauerkrautspezialitäten dürfen auch Früchte, wie Apfel, Ananas und Weintrauben, oder Gemüse, in erster Linie Möhren, Paprika, Bohnen und für asiatische Geschmacksrichtungen Bambussprossen und Feigen, zugesetzt werden.

Bezüglich des Vitamin-C-Gehaltes liest man auf der Verpackung manchmal „enthält natürliches Vitamin C". Diese Bezeichnung darf korrekterweise nur geführt werden, wenn das Sauerkraut selbst oder dessen Lake mindestens 20 mg Vitamin C pro 100 g enthält. Dieser Anteil muss bis zum Ende der Mindesthaltbarkeit nachweisbar sein. Da der Weißkohl schon von Natur aus einen relativ hohen Vitamin-C-Gehalt hat, wird ein Qualitätssauerkraut dieser Anforderung immer gerecht. Wird zusätzlich Vitamin C zugesetzt, muss das in der Zutatenaufführung ausdrücklich erwähnt werden. Der dadurch zustande kommende höhere Gehalt darf nicht dem natürlichen Vitamin-C-Gehalt zugerechnet werden.

# Gesund und fit mit Sauerkraut

# Was macht Sauerkraut *so gesund?*

Sauerkraut ist zu einem richtigen Trendsetter in der gesunden Küche geworden. Nicht zuletzt auch deshalb, weil die Zubereitungsvorschläge nahezu unbegrenzt sind – schauen Sie einmal ab Seite 69 nach und holen Sie sich Appetit!

Die Liste an gesunden Stoffen im Sauerkraut ist lang.

Selbst ehemalige Skeptiker haben keinen Anlass mehr, nur aus gesundheitlichen Gründen zum Sauerkraut zu greifen. Jedoch sprechen genau diese Gründe sehr für den häufigeren Genuss des sauren Krauts.
Sauerkraut überzeugt in zweierlei Hinsicht: Es eignet sich hervorragend als Diätkost und besticht durch seine gesundheitsfördernde Wirkung. Wenn aus Weißkohl Sauerkraut wird, verwandelt die von den Milchsäurebakterien und Hefepilzen bewirkte Gärung einen Großteil der im Weißkohl enthaltenen Zucker in Milchsäure, die den Darm praktisch desinfiziert. Auch die reichlich vorhandenen Ballaststoffe sind für die menschliche Ernährung enorm wichtig, da sie die Verdauung maßgeblich regulieren. Bei einer 28-tägigen Gärung von Weißkohl nimmt der Ballaststoffanteil nämlich erstaunlicherweise nicht ab. So entsteht durch die Säuerung eine Wertsteigerung im Hinblick auf die Milchsäure, die sich nicht negativ auf die anderen gesundheitsfördernden Inhaltstoffe des Weißkohls auswirkt. Seit einigen Jahren

## Gesundheit aus Sauerkraut auf einen Blick

- *Ballaststoffe fördern die Verdauung und können den Cholesterinspiegel im Blut senken.*
- *Milchsäurebakterien verdrängen schädliche Bakterien und schützen vor Magen- und Darmkrebs.*
- *Sekundäre Inhaltsstoffe wirken antibakteriell, krebshemmend und vermindern das Risiko für Herzkrankheiten.*
- *Vitamin C stärkt unser Immunsystem.*
- *Vitamin K hilft bei Wundheilungsprozessen.*
- *Kalium erhält die Wasserbalance im Körper und strafft dabei das Gewebe.*
- *Zink mobilisiert die Abwehrkräfte.*
- *Sauerkraut ist kalorienarm und bestens zum Abnehmen geeignet.*

werden verschiedene Gemüse, darunter auch das Sauerkraut, auf ihren Gehalt an „bioaktiven Stoffen", auch Antikrebs-Stoffe genannt, untersucht. Sie können bei regelmäßigem Verzehr offensichtlich nicht nur Krebs verhindern, sondern auch das Fortschreiten der gefürchteten Krankheit hemmen.

## Ballaststoffe: Turbolader für die Verdauung

Die Ballaststoffe, die in Getreide, Obst und Gemüse enthalten sind, spielen in unserem Stoffwechsel zwar nur eine Nebenrolle, aber durchaus eine wichtige. Grob gesagt handelt es sich um Zellwandbestandteile, die praktisch unverdaulich sind, aber als „mitgeführter Ballast" äußerst wichtige Funktionen im Verdauungsprozess übernehmen. So regen Ballaststoffe die Darmtätigkeit an und nehmen im Darm Wasser wie ein Schwamm auf, quellen dadurch auf und üben so vermehrt Druck auf die Darmwände aus. Dies führt schließlich zu einer schnelleren Passage des Darminhaltes, was den Vorteil hat, dass unerwünschte Schlacken, Giftstoffe und Krankheitskeime schneller ausgeschieden werden.

Ein bedeutender positiver Nebeneffekt ist, dass die Ballaststoffe selbst ganz verschiedene Stoffe binden können, wie etwa Gallensäuren, die der Körper eigentlich zur Fettverdauung benötigt. Als Folge produziert der Organismus vermehrt Gallensäuren und verwendet hierfür die Cholesterinreserven im Blut, wodurch der Cholesterinspiegel gesenkt wird.

Mit einer ballaststoffreichen Kost kann erwiesenermaßen den ernährungsbedingten Stoffwechselkrankheiten und Funktionsstörungen wie Übergewicht, Darmträgheit, Darmvertikulose (Dickdarmausstülpungen), Diabetes mellitus (Zuckerkrankheit), Herz-Kreislauf-Erkrankungen und Gicht entgegengewirkt werden. Diese Krankheiten entstehen allesamt durch faserarme Industrienahrung.

### Wie viel Ballaststoffe brauchen wir?

*Der tägliche Ballaststoffbedarf eines Erwachsenen liegt bei mindestens 30 g, das sind ca. 12,5 g bei 1000 Kalorien Energiezufuhr. Sauerkraut leistet aufgrund seines relativ hohen Ballaststoffgehalts von 2,2 g je 100 g Frischmasse einen guten Beitrag zur Deckung mit diesen wichtigen Inhaltsstoffen. Um auf die empfohlene Mindestmenge zu kommen, ist es wichtig, den Anteil an pflanzlichen Nahrungsmitteln in der Ernährung zu steigern, da die 30 g lediglich der errechnete Mindestbedarf ist. Optimal seien laut Ernährungsberatern bis zu 50 g pro Tag.*

Allerdings reagiert jeder Körper je nach Konstitution anders auf Ballaststoffe und ein Zuviel davon kann zu gesundheitlichen Problemen führen. Personen, die übermäßig ballaststoffreich essen, können ihren Darm überfordern, was sich nach dem Essen in Magendrücken, Blähungen oder sogar Durchfällen zeigt. Trifft das auf Sie zu, dann könnten Sie zunächst einfach einmal weniger Obst, Gemüse und Vollkorngetreide essen und beobachten, ob die Beschwerden nachlassen. Sollten Sie sich immer noch nicht gut fühlen, sollten Sie in jedem Fall ärztlichen Rat einholen.

## Milchsäurebakterien: exquisite Gesundmacher

Die Milchsäure im Sauerkraut entsteht erst durch die Tätigkeit der Mikroorganismen beim Säuerungsprozess der Krautblätter. So bilden sich im Sauerkraut etwa 1600 mg Milchsäure je 100 g Frischgewicht. Diese rechtsdrehende Milchsäure entspricht der Milchsäure des menschlichen Körpers, die Bestandteil des Säureschutzmantels unserer Haut ist oder an den Schleimhäuten eine wichtige Schutzfunktion erfüllt.

Die Milchsäure aus Sauerkraut wird vom menschlichen Körper gut aufgenommen und sorgt für eine gesunde Darmflora. In dem leicht sauren Milieu werden schädliche Darmbakterien verdrängt. Sebastian Kneipp, der bekannte Naturarzt, vertrat die Ansicht, dass viele Krankheiten von einem kranken Darm ausgehen – ein Grund für ihn, eine unter dem Namen „Darmbesen“ bekannte Kur zu entwickeln (siehe Seite 34). Er ging sogar so weit zu sagen: „Der Tod sitzt im Darm.“ Nach Erkenntnissen der modernen Wissenschaft kann man diese Behauptung in vielerlei Hinsicht nun tatsächlich untermauern.

## Sekundäre Pflanzenstoffe: unverzichtbare Schutzstoffe

Weißkohl und damit auch Sauerkraut enthalten eine ganze Anzahl sekundärer Pflanzenstoffe, denen eine enorme gesundheitsfördernde Wirkung zugeschrieben wird. Zu dieser Stoffgruppe zählen Verbindungen, die das Aroma, den Geschmack oder die Farbe des Weißkohls beeinflussen bzw. bestimmen. Bei den Geschmacks- und Aromastoffen handelt es sich um Glukosinolate, Sulfide und Phenolsäuren. Glukosinolate und Sulfide gehören auch zu den Gesundstoffen, die in Knoblauch und Zwiebeln vorkommen (siehe Tabelle auf Seite 26). Die Farbstoffe der hellgelben Kohlarten sind Flavonoide.

Wissenschaftler beschäftigen sich immer mehr mit der Wirkungsweise dieser Stoffe und haben herausgefunden, dass sie zum Beispiel für die

Pflanze den Charakter von Schutzstoffen gegen Schädlinge und Krankheiten haben. Zuweilen sind es auch Wachstumsregulatoren (Phytoöstrogene), die vergleichbar sind mit den Hormonen im menschlichen Körper. Weil diese Verbindungen eine derartige Wirkung haben, bezeichnet man sie als „bioaktiv". Mittlerweile hat man in Erfahrung gebracht, dass sie sich auch positiv auf den menschlichen Organismus auswirken. Man hat unter anderem festgestellt, dass sie antimikrobiell, antioxidativ oder immunmodulierend wirken, Einfluss auf die Blutgerinnung haben, die Verdauung fördern und sogar Krebs verhindern können. Mit all diesen Wirkungen dürfen wir also rechnen, wenn wir Sauerkraut essen.

**Glukosinolate** sind nicht nur in Sauerkraut, sondern auch in anderen Vertretern der Familie wie in Speiserüben, Radieschen und Rettichen zu finden. Beim Abbau der Glukosinolate entstehen schwefelhaltige Verbindungen, die wesentlich das Aroma beeinflussen.

Bestimmten **Phenolsäuren** wie Hydroxyzimtsäure und deren Verbindungen wird häufig die Fähigkeit zugeschrieben, die Entstehung verschiedener Krebsarten zu verhindern. Ebenso sollen **Flavonoide** das Risiko senken, an bestimmten Krebsarten zu erkranken. So hat man in Laborversuchen eindeutig nachgewiesen, dass beide Stoffgruppen, sowohl Phenolsäuren als auch Flavonoide, während aller Stadien einer Krebserkrankung – von der Schädigung der DNA (Erbsubstanz) über das Tumorwachstum bis zur Metastasenbildung – hemmend eingreifen können. In Tierversuchen hat man herausgefunden, dass Flavonoide ihrerseits das Wachstum von DNA-geschädigten Zellen verhindern und verschiedene Stadien der Tumorbildung

**Bioaktive Inhaltsstoffe verschiedener Gemüsearten im Vergleich**

| Gemüsearten | Bioaktive Verbindungen |
|---|---|
| Weißkohl und Sauerkraut | Glukosinolate und Sulfide (Schwefelverbindungen), Flavonoide, Phenolsäuren, Milchsäure |
| Brokkoli | Glukosinolate und Sulfide (Schwefelverbindungen), Flavonoide, Phenolsäuren, Carotinoide |
| Grünkohl | Glukosinolate und Sulfide (Schwefelverbindungen), Flavonoide, Phenolsäuren, Carotinoide, Terpene |
| Knoblauch | Glukosinolate und Sulfide (Schwefelverbindungen), Flavonoide, Terpene, Saponine |
| Zwiebeln | Glukosinolate und Sulfide (Schwefelverbindungen), Flavonoide, Phenolsäuren, Terpene, Saponine |
| Möhren | Flavonoide, Phenolsäuren, Carotinoide, Terpene |
| Tomaten | Flavonoide, Phenolsäuren, Carotinoide, Terpene |

unterbinden können. Darüber hinaus wurde in einer finnischen Studie mit 1000 Versuchspersonen eine klare Beziehung zwischen der Aufnahme von Flavonoiden und einem verminderten Krebsrisiko festgestellt. Flavonoide können außerdem das Risiko von Herzerkrankungen vermindern.

Die gesunden Aromastoffe kann man beim frisch aufgeschnittenen Weißkohl gleich riechen.

## Vitamine: jede Menge Vitalstoffe für den Stoffwechsel

Sauerkraut ist eine echte Vitaminbombe, wobei Vitamin C, Folsäure, Vitamin B6 und Vitamin K die größte Bedeutung zukommt. Auch die Vitamine haben die Auszeichnung „bioaktiv", da sie lebenswichtige Funktionen in unserem Körper übernehmen.

Das **Vitamin C** ist wohl das populärste unter den Vitaminen. Sauerkraut enthält pro 100 g ungefähr 20 mg Vitamin C. Der Tagesbedarf eines Menschen liegt bei etwa 75 mg, sodass wir mit einer Portion Sauerkraut als Beilage ein Drittel unseres täglichen Bedarfs an Vitamin C abdecken können. Raucher benötigen nach neuesten Erkenntnissen täglich die doppelte Menge, um gesund zu bleiben, nämlich 150 mg pro Tag. Bei akuten, das heißt fieberhaften Erkrankungen sollte die Tagesdosis auf 1000 mg Vitamin C pro Tag erhöht werden. Vitamin C ist ein wirksames Antioxidans, das im Überschuss vorhandene freie Radikale (zum Beispiel aus stark erhitztem Fett bzw. gegrilltem oder geräuchertem Fleisch) binden kann. Freie Radikale verursachen ihrerseits Zellschäden im menschlichen Körper. Wie bereits allgemein bekannt ist, stärkt Vitamin C unser Immunsystem, beugt Leistungsabfall vor und verbessert die Aufnahme von Eisen aus der Nahrung. Letztere Erkenntnis spricht für den gleichzeitigen Verzehr von Fleisch oder eisenhaltigen Hülsenfrüchten zusammen mit Sauerkraut.

Sauerkraut sorgt mit seinem Vitamin C für optimale Aufnahme von Eisen aus dem Fleisch.

Der menschliche Körper benötigt während des Wachstums, in der Schwangerschaft und Stillzeit vermehrt **Folsäure,** die an Prozessen der Zellteilung und Zellerneuerung beteiligt ist. Ein Folsäuremangel tritt deshalb häufig an Orten des Körpers mit hoher Zellteilungsrate wie etwa bei den roten und weißen Blutzellen, der Schleimhaut des Darms sowie des Urogenitalbereiches auf. In 100 g Frischmasse Sauerkraut sind etwa 19 µg Folsäure

### Was sind Antioxidantien?

*Unser Körper gerät durch negative Umwelteinflüsse, wie zum Beispiel Abgase, durch psychische Belastung, aber auch durch zu viel Fertigessen, zu viel Alkohol und Nikotin, unter Stress. Als Folge davon entstehen im Stoffwechsel vermehrt sogenannte freie Radikale, das sind schädliche Sauerstoffmoleküle, die unsere Körperzellen angreifen und in ihrer Funktion stören. Es wird sogar davon ausgegangen, dass Organe, deren Zellen vermehrt beschädigt wurden, anfällig für Krebs sind. Zum Glück enthalten viele Obst- und Gemüsearten, unter anderem auch das Sauerkraut, Inhaltsstoffe, die die Funktion eines Antioxidans haben und die freien Radikale unschädlich machen. Was man noch wissen sollte: Wer unter Stress steht, verbraucht viel Vitamin C und E. Beides enthält Brokkoli, sodass man mit einer Extraportion dieses Heilgemüses seinen Stress einfach wegessen kann.*

enthalten. Das ist zwar nicht sehr viel, aber vergleichbar mit der Menge, die man in Tomaten, Gemüsepaprika, Pfirsichen und Stachelbeeren findet.

**Vitamin B6** unterstützt wichtige Aufgaben im Körper. Es ist am Aufbau der Körpereiweiße, an Funktionen des Nervensystems, der Immunabwehr und an der Hämoglobinsynthese (Bildung des Blutfarbstoffes) beteiligt, sodass eine ausreichende Versorgung mit der täglichen Nahrungsaufnahme sehr wichtig ist. Mit 100 g Sauerkraut nehmen wir etwa 210 µg Vitamin B6 auf. Im Vergleich dazu nehmen wir mit 100 g Kopfsalat nur 57 µg, mit 100 g Tomaten 150 µg und mit 100 g Blumenkohl 200 µg Vitamin B6 zu uns. Ein Gericht mit Fleisch und Sauerkraut als Beilage kann den Tagesbedarf decken. Vitamin B6 ist hitzebeständig und geht beim Kochen nicht verloren.

Unschlagbar ist der Gehalt an **Vitamin K** in Sauerkraut, der je nach Konservierungsart Werte bis zu 3 mg je 100 g erreichen kann. Besonders hoch ist der Anteil bei frischem, nicht pasteurisiertem Sauerkraut (siehe Seite 16). Vitamin K ist bei der Bildung der Gerinnungsfaktoren im Blut beteiligt und hilft auf diese Weise mit, dass offene Wunden nach einer Verletzung wieder geschlossen werden. Da der Tagesbedarf zwischen 2 und 4 mg pro Person liegt, kann er mit einer Portion Sauerkraut bequem gedeckt werden.

## Mineralstoffe: Multitalente mit speziellen Aufgaben

Im menschlichen Körper finden sich von Natur aus zahlreiche Mineralstoffe, denen die unterschiedlichsten Aufgaben zukommen. Mineralstoffe werden dabei ständig verbraucht, mit dem Harn und Stuhl ausgeschieden und müssen über die Nahrung wieder aufgenommen werden. Im Sauerkraut sind je 100 g essbarem Anteil ungefähr 2,5 g Mineralstoffe enthalten.

Durch den Zusatz von Kochsalz bei der Herstellung erreichen wir einen **Natriumgehalt** von 355 mg und einen **Chloridgehalt** von 548 mg in 100 g Sauerkraut. Der geschätzte tägliche Mindestbedarf eines Erwachsenen an Natrium und Chlorid liegt zwischen 550 mg (Natrium) und 830 mg (Chlorid). In der Regel ist es ohnehin so, dass durch das Würzen von Speisen diese Mineralstoffe eher im Übermaß aufgenommen werden.

Im mitteleuropäischen Raum werden mit der Kost täglich ungefähr 2 bis 4 g **Kalium** aufgenommen, da durchweg die meisten Lebensmittel reich an Kalium sind. Die Deutsche Gesellschaft für Ernährung (DGE) gibt den täglichen Mindestbedarf mit 2000 mg an. Kalium bestimmt den osmotischen Wert in den Körperzellen und reguliert somit entscheidend den Wasserhaushalt im Körper. Sowohl eine Erhöhung als auch eine Senkung des Kaliumwertes zwischen den Zellen kann zu schweren muskulären Störungen führen. Dazu zählen eine Schwächung der Skelettmuskulatur, Erschlaffung der glatten Muskulatur bis hin zur gefährlichen Darmlähmung und Funktionsstörungen im Bereich des Herzens. Der Kaliumgehalt von 288 mg je 100 g Sauerkraut entspricht etwa den Gehalten in der gleichen Menge Tomaten, Grünen Bohnen und Möhren.

Der **Magnesiumgehalt** im Sauerkraut liegt bei 14 mg je 100 g, für Gemüse ein relativ niedriger Wert. Der **Kalziumanteil** liegt bei rund 50 mg pro 100 g, was mit den Mengen in Rhabarber, Artischocke, Speiserübe und Endivie zu vergleichen ist.

## Spurenelemente: kleine Menge, große Wirkung

Wie die Bezeichnung dieser Gruppe von Inhaltsstoffen schon verrät, kommen sie nur in geringen Mengen vor. Zu dieser Stoffgruppe zählen unter anderem Eisen und Zink. Bei den heutigen Verzehrgewohnheiten in Deutschland, wo ausreichende Mengen ganz verschiedener Nahrungsmittel zur Verfügung stehen, sind Mangelkrankheiten durch fehlende Spurenelemente eher selten. Allerdings ist bei einseitiger Ernährung, wie etwa bei anhaltender Diätkost, auch an die zusätzliche Versorgung mit Spurenelementen zu denken.

**Eisen** ist ein wichtiger Bestandteil diverser Wirkgruppen im Organismus, so zum Beispiel des roten Blutfarbstoffs (Hämoglobin) und spielt somit eine bedeutende Rolle im Sauerstofftransport des Blutes. Eisenmangel kann die körperliche Aktivität beeinträchtigen und zu einer gesteigerten Infektanfälligkeit führen. Der geschätzte Eisenbedarf für eine Frau, die weder ihre

Menstruation hat noch schwanger ist oder stillt, liegt etwa bei 10 mg pro Tag. Eine schwangere Frau braucht dagegen ca. 30 mg, eine Stillende 20 mg Eisen. Frauen im Alter zwischen 15 und 51 Jahren sollten mit der Nahrung täglich 15 mg Eisen aufnehmen. Für männliche Jugendliche zwischen 15 und 19 Jahren sind täglich 12 mg Eisen empfehlenswert, danach sind bis ins hohe Altern nur noch 10 mg pro Tag zu erreichen (alle Angaben gemäß der Deutschen Gesellschaft für Ernährung e. V.). Die Resorption, das heißt die Ausnutzung des Körpers von Eisen aus Obst und Gemüse ist relativ gering, allerdings wird der Bedarf über die Menge und die Häufigkeit des Verzehrs gedeckt. Das bedeutet, wenn Sie täglich Obst und Gemüse essen, können Sie einem Eisenmangel effektiv vorbeugen. Sauerkraut enthält beispielsweise pro 100 g Frischmasse 0,6 mg Eisen, das in Kombination mit einem Stück Fleisch den täglichen Bedarf annähernd decken wird.

Man weiß, dass **Zink** im Stoffwechsel als Bestandteil bestimmter Enzyme, bei der Insulinspeicherung und im Immunsystem wichtige Funktionen übernimmt. Dennoch ist der tatsächliche Zinkbedarf noch nicht für alle Altersstufen gesichert ermittelt worden. Bei Zinkmangel kann es zu Appetitlosigkeit, Verzögerung der Wundheilung und zu einer erhöhten Infektanfälligkeit kommen. Der Zinkgehalt von Sauerkraut liegt im Schnitt bei 0,3 mg je 100 g Frischmasse und ist vergleichbar mit dem Gehalt in Grünen Bohnen, Möhren, Kopfsalat oder Roter Bete.

## Rohes Sauerkraut

### – echtes Superfood

Warum in die Ferne schweifen? Heimisches rohes Sauerkraut kann bestens mithalten.

Vom Begriff **Superfood** ist nicht nur in Büchern und Fachzeitschriften zu lesen. Verbraucherzentralen sind damit beschäftigt und populärwissenschaftliche Zeitschriften geben ihre Tipps dazu. Damit kein falscher Eindruck entsteht: Es handelt sich hier nicht um besonders trendige Nahrungsmittel. Denn sie sind in jeder Hinsicht besonders. Superfoods sind Lebensmittel, die eine außergewöhnlich positive Wirkung auf den menschlichen Organismus haben.

Auf einige Superfoods schwörten schon indigene Völker, zum Beispiel schätzten die Mayas Chiasamen. Sie sollen unsere Haut schöner machen und uns schlank halten, wenn wir sie regelmäßig essen. Oder die Acaibeere, die Früchte der Acaizeiropalme, die in den Regenwäldern des Amazonas wächst und in der Naturheilkunde der Ureinwohner dort längst ihren Platz hatte, bevor die Wunderbeere aufgrund ihrer Powerwirkung bei uns zum Superfood ernannt wurde.

Es wäre zu kurz gedacht, diese aktuell publik gemachte Einzigartigkeit einfach als umsatzträchtige Verkaufsstrategie der Lebensmittelbranche abzutun. Genauso wenig richtig ist es jedoch zu glauben, dass allein durch das Essen von Superfoods niemand mehr krank würde oder Kranke wie durch ein Wunder geheilt würden.

Zu den Superfoods zählen unter anderem grüne Gemüsearten wie zum Beispiel Salate und Spinat, weil sie unsere Gesundheit außergewöhnlich stärken. Avocado, Blaubeeren, Chiasamen, nicht zu vergessen Algen (Spirulina und Chlorella), die man wie Gemüse verwenden kann, haben ebenso Superfood-Charakter. Durch die Gesundstoffe, die Vertreter der Kreuzblütler wie Brokkoli, Weißkohl, Rettich, Radieschen und Meerrettich enthalten, weisen sie klassische Alleinstellungsmerkmale auf, die sie als Superfood auszeichnen. Wild- und Gartenkräuter werden auf der Superfood-Liste geführt, Löwenzahn, Oregano, Petersilie, Brennnessel, selbst gezogene Brokkoli-Sprossen, Gerstengras und viele weitere mehr. Fermentiertes, das heißt sauer vergorenes Gemüse und ganz besonders das rohe Sauerkraut gesellen sich dazu. Sauerkraut schon allein deshalb, weil es aus Weißkohl besteht, der selbst Superfood ist. Durch die Säuerung entsteht ein sogenanntes Probiotikum, was so viel heißt wie „Für das Leben“. Wie schon erwähnt, drängen Milchsäurebakterien schädliche Bakterien im Magen zurück und verhindern so Magengeschwüre und Magenschleimhautentzündungen (siehe auch Seite 35). Die Darmflora wird ausbalanciert und ein starkes Darmsystem gibt eindringenden Keimen keine Chance, sich anzusiedeln.

## Was ist ein Superfood?

- *Ein vollwertiges Nahrungsmittel, das ein ganzes Paket von wichtigen Vitaminen und Nährstoffen enthält.*
- *Es ist kein Lebensmittel, das sich durch einen besonderen Wirkstoff auszeichnet.*
- *Es ist in seiner natürlichen Form außergewöhnlich wirksam für den Körper, das heißt, es muss nicht extra aufbereitet werden.*
- *Ein Superfood muss nicht teuer sein.*
- *Es gibt heimische Superfoods und solche, die nicht bei uns wachsen.*
- *Es wirkt in großen Mengen gut und wenn es regelmäßig gegessen wird.*
- *Es kann, muss aber nicht gut schmecken.*
- *Es kann mehrere Organe stärken und Krankheiten verhindern bzw. heilen.*
- *Ein Superfood wirkt positiv auf die Verdauungs- und Entgiftungsorgane.*
- *Ein Nahrungsmittel, das unter anderem entzündungshemmend ist und freie Radikale bindet.*

# Gewappnet gegen Krankheiten

Zum heutigen Selbstverständnis gehören viele Aspekte: beruflicher Erfolg, Attraktivität, körperliche und geistige Fitness. Glücklicherweise achten immer mehr Menschen darauf, Ausgleich zu schaffen.

Zur neuen Achtsamkeit gehört die gesunde Ernährung als Basis zur bestmöglichen Vermeidung von Krankheiten. Mit dem außergewöhnlichen Sauerkraut haben Sie dabei einen leistungsstarken Helfer an Ihrer Seite.

## Der Kneipp'sche Darmbesen – eine wirksame Kur

Heute ist das Thema Verdauung Gott sei Dank kein Tabu mehr. Man spricht darüber, tauscht sich aus, selbst im Fernsehen ist das Thema in Beiträgen und Werbespots präsent. Doch die Probleme, die dahinterstehen, sind nicht neu. Der Naturarzt und Pfarrer Sebastian Kneipp (1821–1897) hatte im 19. Jahrhundert eine eigene Meinung dazu: Für ihn war Sauerkraut das Heilmittel, das bei Verstopfung Wunder wirkt. Auf dem Land aß man zu seiner Zeit sowieso häufiger Sauerkraut und Kohl im Allgemeinen, das heißt, der Körper war an hohe Ballaststoffgehalte in der Nahrung gewöhnt und reagierte nicht mit übermäßigem „Darm-Blubbern".

Von Kneipp stammt der Rat, täglich dreimal 100 g rohes Sauerkraut vor den Mahlzeiten zu essen. Das Sauerkraut, das gut gekaut wird, regt die Verdauung an, sodass die gesamte Mahlzeit anschließend besser umgesetzt wird.

Diesen Kneipp'schen Darmbesen können Sie, sofern Sie unter Verstopfung leiden, zwei bis drei Tage lang einsetzen. Falls der Erfolg von Anfang an zu durchschlagend sein sollte, reduzieren Sie die Menge des „Darmputzers"

### Viel trinken

*Äußerst wichtig ist, dass Sie bei einer Sauerkraut-Kur – das gilt generell, wenn Sie regelmäßig Sauerkraut essen – sehr viel trinken sollten. Das Sauerkraut saugt nämlich im Körper viel Flüssigkeit auf; man fühlt sich regelrecht ausgetrocknet, wenn man nicht genügend Flüssigkeit zu sich nimmt.*

auf die Hälfte bis auf ein Drittel der Sauerkrautmenge, damit Sie sich bei der Kur gut fühlen.

Wer ansonsten eine eher träge Verdauung hat, sollte den Darmbesen nicht zu „schwungvoll" einsetzen, sondern behutsam „auskehren", um sich dabei noch wohlzufühlen. Da der Darm ein überaus wichtiges Organ ist, sollten wir ihm mit dem nötigen Einfühlungsvermögen begegnen, damit er uns die „Reinigungsaktion" nicht übel nimmt. Einem empfindlichen Darm dürfen Sie mit dem Darmbesen nicht zu Leibe rücken.

## Sauerkraut als Schutz gegen Magen- und Darmgeschwüre

Dass Sauerkraut nicht nur die Entstehung von Magen- und Darmgeschwüren verhindert, sondern sie tatsächlich auch heilt, führen Wissenschaftler etwa seit 1950 auf einen kompliziert klingenden Eiweißbaustein, das Methyl-Methionin-Sulfoniumbromid, zurück, der in Weißkohl und Sauerkraut vorkommt. Diese Verbindung wurde aufgrund ihrer heilenden Wirkung auf die Magen- und Darmgeschwüre „Anti-Ulkus-Faktor" genannt, da sie imstande ist, ein Geschwür (lateinisch Ulcus) zu heilen. Es konnte medizinisch nachgewiesen werden, dass diese Substanz die Schleimhäute vor Geschwüre auslösenden Reizen schützt und die Heilung bereits vorhandener Geschwüre beschleunigt. Allerdings befindet sich diese wichtige Verbindung nur im rohen Sauerkraut bzw. im Sauerkrautsaft. Durch Erhitzen geht die Wirkung weitgehend verloren, dies ist insbesondere der Fall bei industriell verarbeitetem Sauerkraut, das in der Regel pasteurisiert und sterilisiert wurde. Zur Linderung von Geschwüren eignet sich demnach nur selbst hergestelltes, nicht erhitztes Sauerkraut oder Sauerkrautsaft, das im Handel frisch aus dem Fass angeboten wird.

Wissenswertes zum Sauerkrautsaft sowie Rezepte finden Sie ab Seite 46. Es versteht sich natürlich, dass die Anwendung von Sauerkraut bei derartigen Beschwerden nur in Absprache mit dem Arzt und im Einklang mit der verordneten Behandlung anzuraten ist.

## Mit Sauerkraut aktiv das Krebsrisiko senken

Veröffentlichungen über den Zusammenhang zwischen Ernährung und Krebsrisiko gibt es viele: glaubhafte und solche, die eher in den Bereich der Sagen und Märchen gehören. Die neuesten wissenschaftlichen Erkenntnisse dazu können wir zum Beispiel im Netz über den Informationsdienst des renommierten Deutschen Krebsforschungszentrums abrufen (weitere Infos im Serviceteil ab Seite 123). Aus dieser Quelle erfahren wir, dass das Krebsrisiko

Gut gewürzt
*gut verträglich*

Kümmel harmoniert im Geschmack mit Sauerkraut und macht es leichter verdaulich.

Trotz aller kulinarischen und gesundheitlichen Vorteile kann Sauerkraut jedoch dem einen oder anderen gewisse Unannehmlichkeiten bereiten. Manch einer klagt über Magenbeschwerden, den Drang zum Aufstoßen, Blähungen und Sodbrennen. Es liegt bestimmt daran, dass der Verdauungstrakt von uns „Zivilisationsköstlern“ gar nicht mehr an Nahrungsmittel mit derart hohen Ballaststoffgehalten gewöhnt ist. Was ist zu tun? Erst einmal mit einer verträglichen Menge anfangen und durch geschickte Zubereitung mit den richtigen Gewürzen die lästigen Nebeneffekte umgehen.

Wer Probleme mit der Säure im Kraut hat und zum Beispiel mit Sodbrennen kämpft, isst am besten Kartoffeln als Beilage. Sie wirken stark basenüberschüssig und gleichen so die Säure aus. Alternativ dazu können Sie dem Sauerkraut zum Kochen etwas Obstsaft zufügen, der die Säure ebenfalls mildert und dem Kraut eine geschmacklich milde und angenehme Note verleiht.

Eine erstaunliche Wirkung hat die Beigabe von getrocknetem Bohnenkraut, Kümmel, Dill-, Fenchel- oder Anissamen: Sie verhindern Blähungen. Probieren Sie aus, welches der Gewürze Ihnen in Ihrem Sauerkraut am besten schmeckt. Geben Sie davon versuchsweise einen Teelöffel pro 500 g Sauerkraut vor dem Kochen hinzu. In der Regel wird diese Menge ausreichen, damit es Ihnen gut bekommt.

### Tricks beim Kochen

*Wer empfindlich reagiert, sollte das Sauerkraut weder in Fett andünsten noch zusammen mit fettem Fleisch kochen, sondern die Fleisch- oder Wurstbeilagen in einem separaten Topf zubereiten. Menschen mit empfindlichem Magen, die ihr Sauerkraut dennoch mit Zwiebeln abschmecken möchten, können eine ganze Zwiebel mit Nelken spicken und mit dem Sauerkraut kochen. Vor dem Anrichten des Krauts wird die Zwiebel dann einfach entfernt.*

Gegen Unverträglichkeit ist ein Kraut gewachsen: Kochen Sie Bohnenkraut mit Ihrem Sauerkraut, das sorgt für bessere Bekömmlichkeit.

eng mit den Essgewohnheiten und dem Körpergewicht verknüpft ist. Offensichtlich steigt das Krebsrisiko nicht allein durch falsches und übermäßiges Essen, sondern problematisch wird es erst, wenn der Energieumsatz nicht stimmt, weil wir uns zu wenig bewegen. Eine ausgewogene Ernährung ist wichtig, entscheidender ist wohl, dass die Nahrung unserem jeweiligen Bedarf entspricht. Essen wir zu viel, dann müssen wir uns viel mehr bewegen.

Eine qualitativ gute Ernährung können wir in der westlichen Gesellschaft leicht gewährleisten. Eine gesunde Mischkost aus Getreide, Gemüse, Obst, verhaltene Mengen an Fleisch, Fisch, ausreichend Milchprodukte und wenig bzw. gar kein Alkohol gehört zur ersten Krebsprävention.

Vor Jahren hat das Nationale Krebsinstitut der USA als Ergebnis verschiedener Studien über die Wirkung von Nahrungsmitteln bei der Krebsbekämpfung eine Liste von 33 Lebensmitteln herausgegeben, die für eine Anti-Krebs-Ernährung empfohlen werden. Je weiter oben ein Lebensmittel in dieser „Anti-Krebs-Pyramide" steht, umso mehr Stoffe enthält es, denen Wissenschaftler eine aktive Wirkung in der Vorbeugung von Krebserkrankungen zuschreiben. Interessanterweise steht der Weißkohl ganz oben. Hierbei kommt natürlich dem Sauerkraut eine große Bedeutung zu, das ja zahlreiche Inhaltsstoffe aufweist, die offenbar eine Krebs hemmende Wirkung haben. Neben dem hohen Ballaststoffgehalt und den Milchsäurebakterien, die eine probiotische Wirkung haben und die Immunabwehr stärken, fördern die übrigen wertvollen Inhaltsstoffe wie die Vitamine C, B6 und K unsere Gesundheit.

## Die Anti-Krebs-Pyramide

- Weißkohl
- Knoblauch
- Süßholzwurzel
- Sojabohnen, Ingwer
- Möhren, Pastinaken, Sellerie
- Zwiebeln, Tee, Gelbwurzel, Orangen
- Zitronen
- Grapefruits, brauner Reis
- Leinsamen, Blumenkohl, Brokkoli, Weizen
- Hafer, Rosenkohl, Pfefferminze, Oregano
- Salatgurken, Salbei, Rosmarin, Kartoffeln, Thymian
- Melonen, Basilikum, Gerste, Estragon, Schnittlauch

## Zur Traumfigur mit Sauerkraut

Im Dschungel der kursierenden Ernährungsphilosophien fühlt man sich zuweilen hilflos. Welchem der Berater, die sich in Büchern und Zeitschriften als Experten vorstellen, sollen wir glauben? Betrachten wir im Folgenden ein paar aktuelle Strömungen: Die Verfechter von **Low Carb** (engl. für wenig Kohlenhydrate) propagieren die Reduktion oder den völligen Verzicht auf Kohlenhydrate (Nudeln, Reis, Brot) in der Ernährung. Anhänger der **Paleo-Ernährung** dagegen wollen so essen, wie es die Steinzeitmenschen getan haben. Die Idee hinter der Steinzeiternährung ist, dass unsere Vorfahren, bevor sie sesshaft wurden, zunächst Jäger und Sammler waren und nicht wie wir durch Ackerbau und Viehzucht die eigene Nahrung produziert haben. Sie aßen demnach kein Getreide, keinen Zucker und keine Milchprodukte. Außerdem konnten die Steinzeitmenschen nicht kontinuierlich essen, weil gar nicht ständig Essen verfügbar war. Dies bedingte längere Phasen ohne feste Nahrung, in denen einfach nur getrunken wurde. Dieser Rhythmus soll in diesem Ernährungsstil nachgeahmt werden, indem geraten wird, nur in bestimmten Abständen etwas zu sich zu nehmen und danach eine Fastenphase einzulegen.

Ansprechend ist zum Beispiel der Essens-Lifestyle, der **High-Carb-Vegan** genannt wird. Hier darf man sich satt essen, weil gerade Kohlenhydrate auf dem Speiseplan stehen, die energiereich sind. Es werden frische Zutaten verwendet, die mal roh, mal gekocht auf den Teller gebracht werden. Wichtig ist dabei, dass sehr wenig Fett verwendet wird und keine tierischen Produkte zum Einsatz kommen. Es gibt wirklich sagenhafte Rezepte aus dieser Ernährungsrichtung, die ausprobiert werden sollten, weil sie nicht nur schmecken, sondern sicherlich sehr gesund sind. Für Diabetiker ist diese Richtung selbstverständlich weniger geeignet, da diese gerade bei den Kohlenhydraten sparsam sein müssen.

Als weiterer Trend im Dickicht der Ernährungsratgeber taucht das **Clean Eating** auf. Hier wird von Ernährungslehrern empfohlen, die Nahrungsmittel besonders hinsichtlich ihrer Nährstoffdichte auszuwählen. Im Grunde schwören die Clean-Eating-Verfechter damit auf naturbelassene, unverarbeitete Nahrungsmittel, die zudem bezogen auf ihren Energiegehalt (ausgedrückt in Kalorien), einen hohen Nährstoffgehalt besitzen. Darüber hinaus

### Mit Beratung

*Wer nicht ganz gesund ist, sollte sich in jedem Fall ärztlich beraten lassen, ob der Körper längere Zeit ohne Nahrung aushalten kann.*

wird auf Zusatzstoffe verzichtet; Zucker, Geschmacksverstärker, ungesunde Fette sollen nicht mehr auf den Teller.

Lassen Sie gesunden Menschenverstand walten und sich im Zweifel von einem Arzt beraten. Vorsicht ist immer dann geboten, wenn die Ernährung zu Intoleranz führt oder zur Doktrin wird. Egal für welche Philosophie Sie sich entscheiden oder ob Sie gar Ihre eigene entwickeln, am ehesten lassen sich die Vorgaben kontrollieren und umsetzen, indem Sie größtenteils selbst kochen. Dann wissen Sie auch, was drin ist in Ihrem Essen und dass alle Zutaten frisch sind. Ob vegetarisch, vegan, Clean Eating, Low Carb oder Paleo, wichtig ist, dass Sie sich wohlfühlen mit dem, was Sie essen und dass Sie bewusst essen.

Gedanken über das eigene Essverhalten lohnen, auch darüber, wie oft man sich bewegt. Wer seine körperliche Fitness erhalten möchte, sollte hin und wieder einen Diättag einlegen. Dabei räumt man nicht nur seinen Darm auf, sondern entledigt sich auch überflüssiger Pfunde. Falls Sie sich beispielsweise über den Winter ein paar Pfund zu viel angefuttert haben, können Sie ganz einfach im Frühjahr in kurzen Abständen einen „Bewusst-Essen-Tag" einlegen oder sich gleich über mehrere Tage kalorienbewusst ernähren. Sauerkraut kann hervorragend in eine Diät eingebaut werden. Aufgrund des hohen Ballaststoffgehaltes sättigt das Sauerkraut sehr gut, was sich bei einer Diät natürlich besonders angenehm auswirkt.

Sauerkraut und Möhren – gesund und ein gutes Paar im Geschmack.

## Ein Diättag mit Sauerkraut

Für einen Tag gesundes und bewusstes Essen mit Sauerkraut brauchen Sie pro Person:

1 Dose Sauerkraut (ca. 770 g Abtropfgewicht)
oder 750–770 g selbst gemachtes Sauerkraut
Knäckebrot
250 g Quark (20 % Fett)
Honig
1 Apfel
150 g Kartoffeln, vorwiegend fest kochende Sorte
150 g Sauerrahm
1 Möhre
100 g Putenschnitzel
Salz und Pfeffer, auf Wunsch weitere Gewürze

Ihr Tagesplan:
**Morgens:** 2 Knäckebrote mit etwas Quark und Honig bestreichen.
**Zwischenmalzeit:** 125 g rohes Sauerkraut.
**Mittags**: 300 g rohes Sauerkraut mit einem klein geschnittenen Apfel garen. Dazu 150 g Kartoffeln in Salzwasser gar kochen, pellen, pürieren und mit 2 EL Sauerrahm abschmecken.
**Zwischenmahlzeit:** 125 g Sauerkraut mit einer geraspelten Möhre und 1 EL Sauerrahm vermischen. Kalt oder erwärmt genießen.
**Abends:** Restliches Sauerkraut nach Belieben würzen. Als Beilage 100 g Putenschnitzel mit Salz und Pfeffer würzen und grillen.

Möchten Sie einen oder mehrere Tage weitermachen, können Sie einfach die übrigen Zutaten aufbrauchen und als Variante aufs Frühstücksbrot Marmelade streichen (oder ein gekochtes Ei essen), beim Mittagessen den Apfel durch eine Birne ersetzen und zum Abendessen ein mageres Stück Kassler aufs Sauerkraut legen. Auf jeden Fall sollten Sie nach der Entschlackung weiterhin bewusst auf fettarme und pflanzenbetonte Ernährung achten und gleichzeitig ausreichend trinken (2–3 Liter pro Tag).

### Diätrezepte

*Viele der im Rezeptteil ab Seite 69 aufgeführten Rezepte sind kalorienarm und lassen sich bestens in eine Diät oder kalorienreduzierte Ernährung einbauen – insbesondere Salate. Auch die Suppen sind in der Regel kalorienarm und lassen sich prima abwandeln.*

## Detox – mit Sauerkrautsaft entgiften

Sicher haben Sie es schon häufiger gelesen: Eine Detox-Heilfastenkur mit Obst- und Gemüsesäften, direkt aus Hollywood von partyerprobten Stars empfohlen, soll den Körper wieder ins Gleichgewicht bringen. Im Fokus steht das Säure-Basen-Gleichgewicht im Körper, das durch eine ungesunde Lebens- und Essensweise ins Wanken gekommen ist. Um es wiederherzustellen, soll eine Entschlackungs- oder Heilfastenkur durch Säfte weiterhelfen.

Der englische Begriff „Detox" steht buchstäblich für „entgiften", was durch diese Fastenform erreicht werden soll. Reine Detox-Saft-Kuren, in denen auch Sauerkrautsaft zum Einsatz kommen kann, dauern in der Regel drei Tage. Sie sollten nur von wirklich gesunden Personen durchgeführt werden, die über ein stabiles Kreislaufsystem verfügen.

Schonendere Detox-Programme, in denen Ähnliches mit geeigneter, fester Nahrung erzielt werden soll, schlagen Rezepte für eine 7- oder 12-Tage-Kur vor, die möglichst überwiegend aus stark basischen oder zumindest schwach basischen Nahrungsmitteln zusammengestellt sind (siehe Tabelle Seite 43). Häufig wird hier die begleitende Einnahme von einem Schüßler-Salz empfohlen, um die Darmaktivität zu steigern. Hier würden Sie mit einem Gläschen Sauerkrautsaft denselben Erfolg erzielen, nämlich den Körper durch eine vermehrte Ausscheidung zu entgiften. Selbstverständlich können Sie darüber hinaus einige Gabeln rohes Sauerkraut als Zwischenmalzeit in den Diätplan aufnehmen.

### Ausreichend trinken

*Während dieser Kur sollten Sie am Tag mindestens 2 Liter Flüssigkeit trinken, sich ausreichend im Freien bewegen und sich viel Ruhe gönnen, damit der Körper aus der Heilfastenkur gestärkt hervorgeht.*

## Der Säure- und Basenhaushalt – wie funktioniert er?

Der menschliche Körper verarbeitet die Nahrungsmittel sehr unterschiedlich, sodass die Endprodukte der Verdauung sauer oder mehr oder wenig basisch sein können. Beim jungen und gesunden Menschen wird die überschüssige Säure schon innerhalb der Zelle, im Gewebe und im Blut durch Mineralstoffe und die Bildung von Salzen neutralisiert. Ist die Ernährung jedoch über lange Zeit vorwiegend säureüberschüssig, ist der Körper bald

**Eine Auswahl an Nahrungs- und Genussmitteln – von schwach bis stark basen- bzw. säureüberschüssig**

| Stark basenüberschüssig | Schwach basenüberschüssig | Schwach säureüberschüssig | Stark säureüberschüssig |
|---|---|---|---|
| Gurken | Feldsalat | Sahne, Joghurt | Fleisch |
| schwarzer und weißer Rettich | Weißkohl, Sauerkraut, Kohlrabi, Wirsing, Blumenkohl, Chinakohl, Grünkohl, Gemüsepaprika | Süßrahmbutter | Wurstwaren |
| Rote Bete | Pilze, Linsen | Sojanudeln | Fisch |
| Blattsalate | Schwarzwurzeln, Spargel | Haferflocken | Hartkäse |
| Tomaten, Avocados | frische Kräuter, Zwiebeln | Weizenvollkornmehl | Eier |
| Spinat, Mangold, Weiße Bohnen | süße Äpfel, frische Ananas, Birnen | Vollkornbrot und -nudeln | Quark |
| Kartoffeln, Zucchini, Auberginen, Kürbis | Erdbeeren, Himbeeren | Vollkornzwieback | Reis, Graupen |
| Möhren, Sellerie, Porree | Rote Johannisbeeren | Knäckebrot | Schwarzbrot mit hohem Roggenanteil |
| Gemüse- und Fruchtsäfte | Apfelkraut, Zuckerrübensirup | Nudeln aus Weißmehl | Zucker, Süßigkeiten |
| Honig, Sojamilch, Sojamehl | Kürbiskerne, Sesamsamen | Esskastanien (Maronen) | Schokolade |
| Rosinen, getrocknete Feigen | Getreidekaffee, trockener Wein, Bier | Buchweizengrütze, Grünkern | Erdnüsse, Paranüsse |
| Bananen, Birnen, Mandarinen, Kiwi, Quitten, Aprikosen, Zitronen | Buttermilch, Molke, Vollmilch | Haselnüsse | Bohnenkaffee, Mineralwasser, Limonade, Cola |
| lang gezogener Schwarztee, Kamillen- oder Salbeitee | Ziegenkäse | Süße Mandeln | hochprozentiger Alkohol |

überfordert und es kann zur Ablagerung von Säuren im Gewebe kommen. Es wird vermutet, dass nicht selten das Immunsystem darunter leidet. Im fortgeschrittenen Stadium kann es zur Eindickung der Gewebeflüssigkeit und zu Ablagerungen an den Gefäßwänden führen. Ist der Säureanstieg derart massiv, kann er sogar zur Verdickung des Blutes führen und Herzinfarkte und Hirnschläge auslösen.

Dieser Säureüberschuss kann nur kompensiert werden, wenn Sie beim Essen darauf achten, ausreichend basenüberschüssige Nahrungsmittel zu sich zu nehmen. Dazu gehört wie gesagt Sauerkraut und der daraus gepresste Saft. In der Übersicht auf S. 43 werden weitere Nahrungsmittel hinsichtlich ihres Säure- bzw. Basenstatus gegenübergestellt. Nebenbei bemerkt ist auch die Wahl der Getränke in die Überlegungen mit einzubeziehen.

Dabei leuchtet es selbstverständlich ein, dass ein gesunder Organismus ein Nahrungsmittel besser verdauen kann als ein bereits angeschlagener. Das gilt zum Beispiel für den Genuss von Orangen, Zitronen oder von Fruchtsäften im Allgemeinen, die ja grundsätzlich zu den basisch wirkenden Nahrungsmitteln gehören. Hier gilt es natürlich auf seinen Körper zu „hören", wie gut er sie verträgt. Dabei könnte es sehr gut sein, dass sie Ihnen noch mittags bekommen, wenn die Stoffwechselaktivität des Körpers hoch ist. Wohingegen Sie abends Sodbrennen oder Magenschmerzen bekommen, weil der in den Früchten enthaltene Zucker bei der Verdauung vergärt, was nicht guttut.

## Schlacken im Körper – was ist das?

Um den Begriff der Schlacken und damit den Sinn des Entschlackens richtig einzuordnen, muss noch einmal kurz auf die Verstoffwechselung der Nahrung im Körper eingegangen werden, weil die sogenannten Schlacken damit zu tun haben. Einfach gesagt können sie deshalb entstehen, weil nicht alle Stoffe, die wir dem Körper zuführen, auch aufgebraucht werden. Überschüssige Säuren, die bei der Umsetzung von Nahrung, Alkohol oder Giften (zum Beispiel aus Zigaretten) entstehen, werden auf dem normalen Weg von Mineralstoffen gebunden. Ein gesunder Mensch wird diese Stoffe danach ausscheiden. Diese natürliche Entsäuerung wird schwierig, wenn man eine ungesunde Lebensführung pflegt, soll heißen, von allem zu viel genießt, zu oft zum Fastfood greift und sich zur „Couchpotatoe" entwickelt, die nur noch auf dem Sofa liegt. Dann setzen sich diese gebundenen Abfallprodukte, die sogenannten Schlacken, im Bindegewebe und an den Wänden der Blutgefäße ab, was zu gefährlichen Gefäßverengungen führen kann. Um das zu verhindern, können Sie den Darm mit Sauerkrautsaft zu mehr Tätigkeit anregen, damit die Ausscheidung dieser Schlacken besser funktioniert.

Wenn Sie hier etwas für Ihre Gesundheit tun wollen, sollten Sie sich mindestens zwei bis drei Tage Zeit für die folgende Kur nehmen.

### Anti-Schlacken-Kur

Trinken Sie dreimal täglich ein Mixgetränk aus 100 ml Sauerkrautsaft und 50 ml Apfelsaft (am besten naturtrüb). Zu essen gibt es an diesen Tagen nur leichte pflanzliche Kost: etwas Obst und Gemüse mit ein wenig gekochtem Reis, Amarant oder Bulgur. Würzen Sie diese Beilagen nur mit etwas Salz oder Instantbrühe. Weil Sie ja entschlacken möchten, sollten Sie nicht mehr als 1200 Kalorien pro Tag zu sich nehmen.

Wenn sich bei Ihnen am ersten Tag bereits nach dem zweiten Glas Sauerkrautsaft mächtige Darmreaktionen einstellen, sollten Sie das dritte Glas an diesem Tag weglassen, um eine entspannte Nacht zu haben. Bei empfindlichen Menschen reichen unter Umständen ohnehin zwei Gläser, um eine Entschlackung zu erreichen. Trinken Sie viel Kräutertee oder stilles Wasser und gönnen Sie sich ausreichend Ruhe und Bewegung an der frischen Luft. Im Anschluss an diese Entschlackungstage sollten Sie auf jeden Fall noch verhalten essen, um den Körper wieder an schwerere Nahrung zu gewöhnen.

## Für die äußerliche Anwendung: Schönheit mit Sauerkraut

Wieso teure Pflegeprodukte kaufen, wenn uns die Natur dieselbe Wirkung bringt, nur kostengünstiger. Zum Beispiel können Sie sich bei leichtem Sonnenbrand schnelle Linderung mit Sauerkraut schaffen.

### Gesichtsmasken zum Selbermachen

Wenn Sie bei Ihrer Beauty-Pflege gerne auf die Natur zurückgreifen, sollten Sie die erfrischenden Gesichtsmasken aus Sauerkraut ausprobieren. Wer zu unreiner und fettiger Haut neigt, wird von der reinigenden Wirkung der Sauerkraut-Schönheitsmaske überzeugt sein. Die Masken sind kostengünstig und einfach zu machen.

### Sauerkraut-Quark-Maske für einen ebenmäßigen Teint

Nach dieser Maske wird sich Ihre Haut entspannt und ebenmäßiger als vorher anfühlen und sie werden mit einem tollen Teint belohnt.

Für 1 Person

2–3 EL Speisequark

1 EL rohes, fein geschnittenes Sauerkraut

- Quark und Sauerkraut verrühren und auf das Gesicht auftragen.
- Lassen Sie die Maske ungefähr 10 Minuten einwirken, dann abnehmen, Gesicht abspülen und eincremen.

## Wirksamer *Sauerkraut-Saft*

Sauerkrautsaft ist an sich schon wertvoll – Sie können ihn mit weiteren Gemüsesäften geschmacklich und gesundheitlich noch aufpeppen.

**Sauerkrautsaft** ist im Reformhaus oder in der Reformabteilung von Supermärkten in Flaschen erhältlich. Sie können ihn aber auch selbst mithilfe eines Entsafters aus frischem Sauerkraut herstellen, in dem noch alle wertvollen Inhaltsstoffe enthalten sind. Sauerkrautsaft lässt sich auch aus pasteurisiertem Kraut herstellen, jedoch sind die aktiven Milchsäurebakterien hier zerstört, der Vitamin-C-Gehalt ist geringer und der „Anti-Ulkus-Faktor" (siehe Seite 35), der sich positiv bei Magen- und Darmgeschwüren auswirkt, ist nicht mehr wirksam. Gekühlt getrunken schmeckt er im Sommer mit Obstsaft gemixt sehr erfrischend.

Sie brauchen einen Entsafter und eine braune Glasflasche (wegen dem Lichtschutz) mit Verschluss, falls Sie gleich für mehrere Tage Saft herstellen möchten. Allerdings nimmt bei der Lagerung der Vitamin-C-Gehalt im Saft erheblich ab. Am besten stellen Sie also immer nur so viel Saft her, wie Sie aufbrauchen können. Geben Sie das Kraut samt dem Krautwasser (Lake) in den Entsafter. Es wird fein zerkleinert und durch die Zentrifuge in Feststoffanteil und Flüssigkeit, also Sauerkrautsaft, getrennt.

# *Rezepte* mit Sauerkrautsaft

Sauerkrautsaft schmeckt gut in Kombination mit Gemüse und Obst jeder Art – als Mixgetränk aus verschiedenen Säften oder als Zugabe im Smoothie. Da sind der Experimentierfreude keine Grenzen gesetzt. Wählen Sie einfach Ihr Lieblingsgemüse bzw. -obst aus und mixen Sie munter drauflos! Sie können das Getränk süßen, als würzig-scharfen Aperitif reichen oder mit Joghurt mischen, wodurch es eine tolle Konsistenz erhält.

## Feuriger Drink

Für 1 Person

150 ml Gemüsesaft (zum Beispiel Tomatensaft)
100 ml Sauerkrautsaft
gemahlener schwarzer Pfeffer
Cocktailtomate und Holzspieß zum Dekorieren

- Die Säfte mit Pfeffer in einem Mixer gut mischen und in einem hübschen Longdrinkglas servieren.
- Eine gewaschene Cocktailtomate auf den Holzspieß aufspießen und ins Glas stecken.

## Sauerkrautsaft mit Orange

Für 1 Person

100 ml Sauerkrautsaft
Saft einer Orange
1 TL Sanddornsaft oder Ahornsirup

Alle Zutaten vermischen und gut gekühlt genießen.

## Sauerkrautsaft mit Roter Bete – der Mineralstoffspender

Für 1 Person

60 ml Sauerkrautsaft
40 ml Rote-Bete-Saft
80 ml Ananassaft
1 TL Honig

- Alle Zutaten in einen Shaker geben, kräftig durchschütteln und in einem Longdrinkglas servieren.

## Sauerkrautsaft zur Sanierung der Darmflora

Für 1 Person

100 ml Sauerkrautsaft
2 sehr reife Aprikosen
50 g Naturjoghurt
1 TL Honig

- Sauerkrautsaft in eine Schüssel geben, die gewaschenen, entsteinten, klein geschnittenen Aprikosen dazugeben und mit einem Pürierstab zerkleinern.
- Den Joghurt mit dem Honig dazugeben und gut verrühren.

## Banane-Gurke-Sauerkraut-Smoothie

Für 1 Person

1 Banane
½ Salatgurke
1 Mango
50 ml Sauerkrautsaft
50 ml Möhrensaft

- Banane und Gurke schälen und zerkleinern.
- Mango schälen, entsteinen und zerkleinern.
- Alle Zutaten in einen Smoothie-Maker oder Mixer geben, alternativ mit einem Pürierstab pürieren.

### Ganz nebenbei

*Bei vielen Rezepten wird geraten, das rohe Sauerkraut vor der Weiterverarbeitung abtropfen zu lassen. Fangen Sie den Saft auf und trinken Sie ihn. Wer ihn pur weniger mag, kann ihn einfach mit etwas Fruchtsaft mischen.*

Sauerkraut für die Hautpflege? Ja, und das überraschend vielseitig.

## Sauerkraut-Schönheitsmaske gegen unreine Haut

Wenn Sie unter unreiner Haut leiden, werden Sie überrascht sein, wie gut Ihnen diese Schönheitsmaske tut. Sie entfernt vor allem überschüssiges Hautfett. Vorsichtig sollten Sie jedoch mit dieser Maske sein, wenn Sie etwa durch eine Akne-Behandlung offene Hautstellen haben, weil diese durch das Sauerkraut gereizt und die Heilung gestört werden würde.

Für 1 Person
100 g rohes Sauerkraut

- Das Sauerkraut über einem Sieb abtropfen lassen und in eine Schale füllen, ausreichend Kosmetiktücher bereithalten.
- Legen Sie sich gemütlich hin und stellen Sie sich einen Hocker oder einen Stuhl neben sich, von wo aus Sie sich das Sauerkraut aus der Schale nehmen und bequem auf Ihr Gesicht verteilen können. Mit bereitgelegten Kosmetiktüchern können Sie den eventuell abtropfenden Sauerkrautsaft auftupfen.

- Nach 15 Minuten Einwirkzeit das Sauerkraut abnehmen und das Gesicht mit lauwarmem Wasser abspülen, sanft abtrocknen und mit einer Pflegecreme eincremen.

## Kühlende Auflage bei Sonnenbrand

Eine Auflage mit Sauerkraut lindert den Schmerz bei Sonnenbrand, indem es die Hitze herauszieht und der geschädigten ausgetrockneten Haut wieder neue Feuchtigkeit zuführt. Wie bereits erwähnt, wirken die sekundären Inhaltsstoffe im Sauerkraut entzündungshemmend und keimtötend, was bei einer stark in Mitleidenschaft gezogenen Haut sehr wichtig ist, damit sie sich nicht entzündet. Die im Kraut enthaltene Milchsäure wirkt keimhemmend und fördert den Aufbau des geschädigten Säureschutzmantels der Haut.

Die Auflage eignen sich auch besonders bei Kleinkindern, die sich bei einem Sonnenbrand vielleicht weniger gerne mit einer Salbe einreiben lassen, weil es ihnen wehtut.

## Sauerkraut-Auflage gegen Sonnenbrand

Für 1 Person
100–300 g rohes Sauerkraut, je nach Größe der betroffenen Hautstellen

- Das Sauerkraut im Kühlschrank kalt stellen, dann in ein Sieb geben, damit die Flüssigkeit abtropfen kann.
- Legen Sie sich flach auf eine waschbare Unterlage und halten Sie ein Handtuch zum Abtupfen bereit. Die betroffenen Hautstellen werden locker mit einer dünnen Lage Sauerkraut belegt und mit einem leichten Baumwolltuch abgedeckt.
- Nehmen Sie die Auflage ab, sobald Sie sie nicht mehr als kühlend empfinden.

# Sauerkraut selber machen

# Wieso die Mühe?

Sauerkraut ist zwar überall schon fertig erhältlich, aber selbst gemachtes ist eine ganz andere Liga. Allein schon durch die Auswahl an weiteren Zutaten können Sie dem Sauerkraut eine eigene Geschmacksrichtung verleihen.

Leckere Ideen zum Sauerkraut-Selbermachen finden Sie auf Seite 60. Nicht zu vergessen der Stolz, den wir empfinden, wenn wir unser eigenes Kraut aus dem Krauttopf schöpfen. Wir essen es mit Appetit, weil wir diesem Lebensmittel so richtig vertrauen können.

Selbst gemacht schmeckt es eben auch bei Sauerkraut am besten.

## Was passiert bei der Säuerung?

Durch die Säuerung von Weißkohl passiert mit den Inhaltsstoffen etwas wirklich Erstaunliches, wodurch Sauerkraut tatsächlich gesünder wird als der unvergorene Kohl. In der nachfolgenden Tabelle werden die Mengen

**Inhaltsstoffe von Weißkohl und Sauerkraut im Vergleich**

| Stoffgruppe | Gehalt in 100 g Weißkohl | Gehalt in 100 g Sauerkraut |
|---|---|---|
| Wasser | 92,10 g | 90,70 g |
| Fett | 0,20 g | 0,30 g |
| Eiweiß | 1,30 g | 1,50 g |
| Glukose | 2040 mg | 420 mg |
| Fruktose | 1760 mg | 210 mg |
| Saccharose | 310 mg | 140 mg |
| Ballaststoffe | 3,00 g | 2,20 g |
| Milchsäure | 0 mg | 1600 mg |
| Natrium | 12 mg | 355 mg |
| Kalium | 269 mg | 288 mg |
| Magnesium | 13 mg | 14 mg |
| Calcium | 45 mg | 48 mg |
| Eisen | 374 µg | 600 µg |
| Zink | 224 µg | 320 µg |
| Phosphor | 36 mg | 43 mg |
| Kupfer | 33 µg | 130 µg |
| Carotin | 69 µg | 18 µg |
| Vitamin K | 66 µg | 7,7 µg |
| Vitamin B6 | 190 µg | 210 µg |
| Vitamin B2 | 47 µg | 50 µg |
| Vitamin C | 52 mg | 20 mg |
| Folsäure | 80 µg | 31 µg |
| Brennwert (kcal/kJ) | 22 kcal (92 kJ) | 17 kcal (71 kJ) |

wichtiger Inhaltsstoffe von Weißkohl und Sauerkraut gegenübergestellt. Was fällt auf? Durch die Zugabe von Kochsalz, das für die Säuerung erforderlich ist, kommt es natürlich zu einem wesentlichen Anstieg des Natrium- und Chloridgehaltes. Während der Gärung wandeln die Milchsäurebakterien die Zuckermoleküle von Weißkohl um, sodass der Zuckergehalt von 4,2 g pro 100 g auf 0,8 g sinkt. Wie man erkennen kann, wird dafür natürliche Milchsäure gebildet (1600 mg pro 100 g Sauerkraut), die vorher im Weißkohl gar nicht vorhanden war. Eiweiß- und Fettgehalt werden durch den Gärprozess kaum beeinflusst, der Kaloriengehalt fällt geringfügig von 22 Kalorien auf 17 Kalorien pro 100 g, da die Milchsäurebakterien beim

Zuckerumbau in Milchsäure auch Energie verbrauchen und die Säuren geringere Energiewerte haben als die ursprünglichen Zucker. Die im Weißkohl enthaltenen Ballaststoffe, das heißt die unverdaulichen Faserstoffe, werden zum Teil aufgeschlossen und sind dann für den menschlichen Verdauungstrakt leichter verdaulich. Einige Vitamine sind säureempfindlich und werden geringfügig dezimiert, jedoch sind die Gehalte im Sauerkraut immer noch beachtlich. Der Vitamin-C-Gehalt, der im gesäuerten Kohl auf etwa 20 mg pro 100 g zurückgeht, bleibt während der weiteren Lagerung zum Glück stabil, da er sich im sauren Milieu nicht mehr verändern kann.

## So geht's

Sauerkraut stellen Sie am besten im Herbst her. Dann da gibt es nämlich den dafür bestens geeigneten Herbstkohl, das ist im Allgemeinen ein Weißkohl mit rundem Kopf. Wer ein Spitzkraut ergattern kann, das zum Beispiel traditionell in der Filderebene im Raum Stuttgart angebaut wird, sollte es in jedem Fall für seine Sauerkrautproduktion verwenden. Es hat außergewöhnlich zarte Blätter und ergibt somit ein sehr mildes Sauerkraut.

Bevor Sie das Grundrezept auf Seite 58 kennenlernen, erfahren Sie zunächst alles Wichtige zu den Zutaten und Utensilien.

### Was Sie benötigen: Gärtopf, Krauthobel, Holzstampfer und Salz

Zur Herstellung von Sauerkraut benötigen Sie im Grunde nur wenige Dinge: Kohl, Salz und zur geschmacklichen Abwandlung verschiedene Kräuter. Wer sich einen größeren Vorrat anlegen will, nimmt einen für Sauerkraut speziell entwickelten Gärtopf. Zum Zerteilen des Kohlkopfes verwenden Sie am besten ein großes Messer. Mit einem Krauthobel werden dann die Krautköpfe in feine Streifen geschnitten. Am besten hobeln Sie das Kraut direkt in eine kleine Plastikwanne oder ein anderes ausreichend großes Gefäß. Das gehobelte Kraut wird danach in den Gärtopf geschichtet und mit einem Kartoffelstößel oder -stampfer gründlich gestampft. Um keine Fäulnisbakterien einzuschleppen, sollten Sie bei der Zubereitung sehr sauber arbeiten. Alle Utensilien werden deshalb am besten gründlich mit kochendem Wasser gereinigt, bevor Sie ans Werk gehen.

### Wenig Sauerkraut

*Möchten Sie erst einmal klein anfangen, dann probieren Sie wie auf Seite 61 im Abschnitt „Im kleinen Stil: Sauerkraut in geringen Mengen machen“ beschrieben, die Mini-Produktion in Twist-Off-Gläsern.*

Besonders mild und empfehlenswert für die Herstellung ist das Spitzkraut.

## Wie funktioniert ein Gärtopf?

Seit es den speziellen Sauerkraut-Gärtopf im Handel gibt (siehe Bezugsquellen auf Seite 123) ist die Herstellung des eigenen Sauerkrauts spielend leicht. Wenn Sie planen, jedes Jahr Sauerkraut zu machen, sollten Sie diese kleine Investition nicht scheuen. Denn hier ist nach dem Einlegen des Gemüses die ganze Arbeit quasi abgeschlossen. Der Gärtopf besteht aus Steingut und ist mit einer bleifreien Glasur überzogen. Deshalb nimmt er so gut wie keine Fremdgerüche an und ist leicht zu reinigen. Häufig ist der Topf mit zwei Tragegriffen ausgestattet, sodass er während des Gärens einfach bewegt werden kann. Zu jedem Gärtopf gehören zwei Steinzeug-Brettchen, die auf den eingestampften Kohl gelegt werden. Diese sorgen für die nötige Beschwerung und schließen das Kraut ab, damit sich keine schädlichen Bakterien ausbreiten können. Das Steinzeug nimmt ebenfalls keine

Gerüche aus der Umgebung auf, was insofern wichtig ist, weil der Gärtopf ja in der Regel seinen Platz im Keller hat, wo auch anderes Gemüse oder Obst gelagert wird. In die Rinne am Gärtopf wird Wasser gefüllt, das die bei der Gärung entstehende Kohlensäure aufnimmt.

Ich empfehle die Anschaffung des Gärtopfs, weil damit erfahrungsgemäß die Sauerkraut-Produktion sicher gelingt. Im Vergleich zur Verwendung eines einfachen Steinguttopfs, den Sie mit einem Tuch abdecken und mit Brettchen beschweren müssen, besteht beim luftdicht abgeschlossenen Gärgefäß keine Gefahr von Schimmelbildung an der Krautoberfläche. Deshalb sind im Folgenden die Arbeitsschritte immer auf den Einsatz eines Gärtopfs bezogen.

## Den Gärtopf befüllen

Den Gärtopf sollten Sie nur zu etwa drei Viertel befüllen, da die entstehende Kohlensäureschicht Platz benötigt. Die sich bildende Lake sollte im Gärtopf immer 3 bis 4 cm über den Beschwerungssteinen stehen. Ab und zu ist dann ein „Blubbern" im Topf zu hören, was ein erstes Anzeichen für die beginnende Gärung ist. Durch das entstehende Vakuum im Gärtopf kann es vorkommen, dass ab und an kein Wasser mehr in der Rinne ist, sodass man etwas nachgießen muss. Dies kann in den ersten drei bis vier Wochen der Fall sein, bis der Gärprozess zum Abschluss gekommen ist. Der Überschuss an gebildetem Kohlendioxid kann durch den Wasserabschluss entweichen. Durch das Wasser kann jedoch von außen kein Sauerstoff in den Topf hineingelangen, der den Gärvorgang stören würde. Dieser Prozess sollte ungestört ablaufen, das heißt, Sie sollten den Behälter möglichst wenig öffnen.

## Weißkohl und Salz – das richtige Verhältnis

Die Weißkohlmenge hängt natürlich davon ab, welche Menge Sauerkraut Sie herstellen möchten. Als grober Richtwert gilt: Für einen 10-l-Gärtopf werden ungefähr 10 kg Weißkohl gebraucht. Ein höheres Volumen erfordert die entsprechend größere Ausgangsmenge an Kohl. Und ohne Salz geht gar nichts, da Salz bekanntlich ein Konservierungsmittel ist, das erst in ausreichender Konzentration hemmend gegen unerwünschte Bakterien und damit gegen Fäulnis wirkt. Zur verwendeten Kohlmenge sollten Sie deshalb mindestens 1 % Kochsalz geben, das heißt, auf 10 kg Kohl rechnen Sie 100 g Salz. Außerdem wird durch unterschiedlich große Mengen an Salz der Geschmack des Sauerkrauts beeinflusst. Da das Salz den Zellsaft aus den Kohlstreifen herauslöst, entscheidet die Salzkonzentration auch über die Geschwindigkeit des Gärprozesses. Je höher die Salzkonzentration ist, desto schneller werden die Zuckermoleküle aus den Kohlzellen herausgelöst und umso schneller beginnen die Mikroorganismen mit deren Veratmung zur

### Wenig Salz

*Wollen Sie bewusst weniger Salz zusetzen, weil Sie vielleicht zu hohem Bluthochdruck neigen, können Sie sich im Reformhaus sogenannte Starterkulturen besorgen. Das sind Milchsäurebakterien im tiefgefrorenen Zustand, die mithelfen, den Gärprozess in Gang zu bringen – gerade wenn infolge der reduzierten Salzmenge der Aufschluss der Zellen nicht so schnell bewerkstelligt wird. Die Anwendung der Kulturen ist einfach, da man sie nur in einer lauwarmen Zuckerlösung einweicht und während des Einstampfens zu den Krautschnitzeln gibt. Denken Sie jedoch daran, bei reduzierter Salzmenge ganz besonders auf Hygiene bei der Verarbeitung zu achten.*

Milchsäure. Durch die Zugabe verschiedener Kräuter, Zucker, Gemüse, Obst oder Molke können Sie dem Sauerkraut gleich eine individuelle Geschmacksnote verleihen.

## Wie sauer wird das Kraut?

Das hängt vom Milchsäuregehalt des Sauerkrauts ab. Der liegt nach Abschluss des Gärprozesses, der bis zu fünf Wochen dauern kann, zwischen 0,8 und 2,2 %. Die meisten beurteilen ein Sauerkraut als angenehm mild säuerlich, wenn es einen Milchsäuregehalt von etwa 1 % hat. In diesen Bereich möchten Sie natürlich auch mit Ihrem selbst gemachten Sauerkraut kommen. Am besten gelingt das, wenn Sie, wie erwähnt, Weißkohl verarbeiten, der im Herbst geerntet wurde, da er einen optimalen Zuckergehalt besitzt. Der Zucker wird zu Milchsäure umgewandelt – je nach Dauer des Gärprozesses zu mehr oder weniger. Auch die Temperatur des Raums, in dem der Gärtopf steht, bestimmt wie schnell der Zucker zu Milchsäure umgebaut wird. Etwas höhere Raumtemperaturen beschleunigen die Umsetzung, sodass nach kürzerer Gärdauer schon mehr Milchsäure gebildet wird.

## Wie hoch ist die Ausbeute?

Wer viel Gemüse zubereitet weiß, dass schon beim Putzen eine ordentliche Menge verloren geht. So sieht es auch bei der Sauerkrautherstellung aus. Danach kommt es während der Gärung zu einem Gewichtsverlust, sodass Sie bei 1 kg Weißkohl grob geschätzt mit 500 g Sauerkraut rechnen können. Eine Ausbeute von 50 % ist realistisch.

Das Kraut wird fein gehobelt.

Das Kraut wird sorgfältig gestampft, bis genug Flüssigkeit austritt.

**Grundrezept**

Ein einfaches Rezept, das Sie immer wieder nach Lust und Laune und mit wachsender Erfahrung beim Sauerkrautmachen abwandeln können. Vorschläge für Varianten finden Sie ab Seite 60.

## Selbst gemachtes Sauerkraut

10 kg Weißkohl, zusätzlich einige Weißkohlblätter
100–120 g Salz
20 Wacholderbeeren
250 g weiße, kernlose Trauben
250 g Äpfel
Wasser für die Rinne

- Als erstes befreien Sie die Krautköpfe von den äußeren Blättern. Einige davon aufbewahren.
- Der Kohl wird mit einem robusten Messer geviertelt, um den Strunk zu entfernen.
- Über einer Plastikwanne hobeln Sie zunächst die Kohlstücke mit einem Krauthobel in feine Streifen.
- Der Gärtopf wird unten mit einigen Kohlblättern ausgelegt. Darauf schichten Sie eine ungefähr 20 cm dicke Lage Krautschnitzel und bestreuen diese mit Salz.
- Danach wird diese Schicht mit dem Kartoffelstößel gestampft, bis der Krautsaft austritt. Anschließend geben Sie ein paar Wacholderbeeren und

Spezielle Platten halten das Kraut kompakt im Gärtopf.

Wasser in der Rinne verhindert das Eindringen von Luft und Bakterien.

### Wie fein sollen die Streifen sein?

*Je feiner die Krautstreifen sind, desto milder wird das Endprodukt ausfallen. Bei größeren Mengen ist ein Krauthobel angesagt, um voranzukommen. Bei der Mini-Sauerkrautherstellung (wie zum Beispiel auf Seite 61 beschrieben) könnte man auch mit einem großen, scharfen Messer feine Streifen schneiden. Das ist allerdings etwas aufwendiger.*

einige von den gewaschenen, gut abgetrockneten und entstielten Trauben sowie ein paar von den in dünne Scheibchen geschnittenen Äpfeln auf die Lage.

- Darauf folgt wieder eine Schicht Kraut, das wieder gesalzen und gestampft wird. So verfahren Sie, bis der Gärtopf ungefähr zu drei Viertel gefüllt ist.
- Eine Lage ganzer Krautblätter bildet den Abschluss. Den Gärtopf verschließen und etwas Wasser in die vorgesehene Rinne geben.

## Der richtige Platz zum Gären

Zu Beginn des Gärvorgangs sollten Sie den Gärtopf nicht in einen allzu kühlen Raum stellen. Die optimale Temperatur liegt zwischen 12 und 18 °C. Ist die Raumtemperatur höher, wird die Gärung beschleunigt. Nach etwa drei bis vier Wochen ist die Gärung nahezu abgeschlossen, sodass Sie die Außenwände des Behälters über dem Kraut mit einem sauberen Tuch säubern, die Brettchen reinigen und anschließend damit das Sauerkraut wieder abdecken sollten. Die anschließende Lagerung des Sauerkrauts erfolgt idealerweise bei einer Temperatur von 8 °C.

Der Geschmack ändert sich natürlich noch im Verlauf der Lagerzeit des Sauerkrauts, da die biologischen Prozesse keinesfalls abrupt gestoppt worden sind. Als Faustregel gilt: Genussreif ist das eigene Kraut etwa nach vier bis acht Wochen. Die Wacholderbeeren sollten Sie vor dem Kochen entfernen. Wichtig ist auch, dass Sie darauf achten, dass das Kraut nach der Entnahme einer Portion immer noch mit Lake bedeckt ist.

## Leckere Alternativen

Das Aroma des Sauerkrauts können Sie mit verschiedenen Zutaten individuell beeinflussen. Zum Experimentieren finden Sie hier drei verschiedene Rezepte.

## Mildes Sauerkraut

Für ca. 5 kg Sauerkraut

10 kg Weißkohl
100 g Salz
250 ml Buttermilch oder Molke
Kümmel
Dill
Wacholderbeeren
500 g geraspelte Karotten

- Die Zubereitung erfolgt wie beim Grundrezept von Seite 58. Sie müssen lediglich Gewürze, Buttermilch und die Karotten mit einstampfen.

## Mild-süßliches Sauerkraut

Für ca. 5 kg Sauerkraut

10 kg Weißkohl
60–100 g Salz
25 g Zucker
evtl. Lorbeerblätter

- Die Zubereitung erfolgt wie beim Grundrezept von Seite 58. Die Krautlagen bestreut man jeweils mit der Salz-Zucker-Mischung und stampft sie dann wie gehabt. Nach Geschmack ein paar Lorbeerblätter hinzufügen.

## Weinsauerkraut

Für ca. 5 kg Sauerkraut
Zutaten wie beim Grundrezept
200 ml halbtrockener Weißwein

- Die Zubereitung erfolgt analog zum Grundrezept von Seite 58. Besonderheit: Der Weißwein wird erst nach dem Gärvorgang, das heißt nach vier bis fünf Wochen, dem fertigen Sauerkraut zugesetzt. Dann entsteht das herrlich fruchtige Aroma.

## Im kleinen Stil: Sauerkraut in geringen Mengen

Wer erst einmal eine kleinere Menge Sauerkraut machen will, greift auf die praktischen Twist-off-Gläser zurück, die es in vielen Größen gibt. Bei der Verwendung von 1-l-Twist-off-Gläsern werden unter 800 g gehobeltes Kraut ca. 8 g Salz gemischt, und dieses in einer Schüssel gestampft, bis der Zellsaft austritt. Anschließend wird das Kraut lagenweise in das Glas gedrückt und, falls gewünscht, dazwischen jeweils einige Apfelscheiben, Trauben, Wacholderbeeren und Lorbeerblätter gelegt. Das Glas sollte bis etwa vier

Auch in normalen Einmachgläsern können Sie Sauerkraut herstellen.

Richtig gut gestampft – jetzt kann es losgehen mit der Milchsäuregärung.

Fünftel des Fassungsvermögens gefüllt werden, sodass der Krautsaft mindestens 2 cm über dem Kraut steht. Sollte die Flüssigkeit nicht ausreichen, wird mit einer 1 %-igen Salzlösung (1 g Salz auf 100 ml Wasser) aufgefüllt. In die richtige Länge gekürzte Holzspatel legt man über Kreuz auf die Krautoberfläche, was das Aufsteigen des Inhalts verhindern soll. Anschließend wird das Glas verschlossen und zunächst zwei bis drei Tage abgedeckt mit einem Tuch bei Zimmertemperatur stehen gelassen. Wobei man mindestens zweimal pro Tag das Glas öffnet, damit entstehende Kohlensäure entweichen kann. Danach soll es für drei bis vier Wochen an einem kühlen Ort stehen, bis die Vergärung weitgehend abgeschlossen ist. Auch während dieser Zeit empfiehlt es sich, immer wieder den Deckel kurz zu öffnen, damit die Kohlensäure entweichen kann. Das Sauerkraut kann dann nach ungefähr fünf bis sechs Wochen probiert werden.

# Sauerkraut lecker *zubereiten*

Über das traditionelle Sauerkraut zum Kassler hinaus gibt es eine Vielzahl von Möglichkeiten, die dem Sauerkraut ein besonderes Aroma verleihen und es so genau passend zur Beilage zuzubereiten.

Durch die Beigabe von Saft statt Wasser als Kochflüssigkeit, die Auswahl verschiedener Fette oder Öle und durch die Kombination mit Obst oder Gemüse schmeckt es immer wieder anders. Probieren Sie Sauerkraut doch einmal anders gewürzt und ausgefallen abgeschmeckt – Sie werden von der Palette der Geschmacksrichtungen überrascht sein. Ein paar Anregungen finden Sie in der Übersicht.

## Wie lange kochen?

An der Kochdauer beim Sauerkraut scheiden sich zuweilen die Geister. Einerseits hängt die Kochzeit von der Lagerdauer ab, denn gut gelagertes Kraut ist schneller gar als junges Kraut. Andererseits sind auch die Ge-

**Den Geschmack von Sauerkraut kreativ variieren**

| Kochflüssigkeit | Fette und Öle | Früchte und Kerne | Gemüse | Gewürze und Kräuter |
|---|---|---|---|---|
| Wein, Weinbrand | Butter und Butterschmalz | Ananas, Äpfel | Paprika | Curry, Paprika, Zucker, Pfeffer |
| Sekt, Champagner | Gänse- oder Schweineschmalz | Sonnenblumenkerne | Lauch, Zwiebeln | Dill, Kümmel, Koriander, Kapern |
| Sherry | Walnussöl, Kürbiskernöl | Birnen, Orangen | Tomaten | Muskat, Nelken |
| Sojasoße | Olivenöl | Bananen, Aprikosen, Mandarinen | Möhren | Fenchel, Ingwer, Origano, Majoran |
| Apfelschnaps | Sonnenblumenöl | Trauben | Brokkoli | Wacholderbeeren, Estragon |
| Apfelsaft | | Rosinen | Zuckerschoten | Bohnenkraut |
| Zitronensaft | | Trockenobst | Pilze | Anis, Piment |
| | | Walnüsse | | Bienenhonig |
| | | Mango, Oliven | | Schnittlauch |

## Kimchi – das koreanische Sauerkraut

Vielseitig zu kombinieren und einen Versuch wert.

Das koreanische **Kimchi** ist eine Variante des Sauerkrauts und entsteht aus der Säuerung von Chinakohl.

Kimchi ist das Nationalgericht Koreas, es wird im Süden und im nördlichen Teil traditionell zu beinahe jeder Tageszeit kalt gegessen. Jede Familie hat ihr eigenes Traditionsrezept, bei dem als Zutaten verschiedenste Gemüsearten, viele Gewürze sowie Fleisch und Fisch zugesetzt werden. In Südkorea liebt man den Zusatz von Chili, welches das Kimchi rot färbt und sehr scharf macht. Ganze Dorfgemeinschaften stellen große Mengen Kimchi gemeinsam her und teilen es danach, dieser alte Brauch heißt in der Landessprache Kimjang. Die Unesco hat im Jahr 2013 Kimchi und Kimjang zum Weltkulturerbe ernannt.

## Kimchi *selber machen*

Für die Herstellung einer kleineren Menge Kimchi wird ein größerer Chinakohlkopf der Länge nach in der Mitte durchgeschnitten, die Blätter werden getrennt. Die Außenblätter legt man zur Abdeckung des Gärgefäßes beiseite. Alle restlichen Blätter werden schichtweise in ein Gefäß (aus Ton, eventuell Römertopf) gelegt, mit einer 1 %-igen Salzlake (siehe Seite XX) übergossen und für 2–3 Stunden abgedeckt gelagert. Danach wird die Lake über einem Sieb abgeschüttet, die Blätter werden zur Seite gelegt.

Als Gemüsezugabe eignen sich Lauch, Lauchzwiebeln und weißer Rettich, jeweils in feine Streifen geschnitten. Zur Würzung werden mehrere Knoblauchzehen klein gehackt, mit etwa 50 g Ingwerwurzel und 2 EL Honig püriert, mit Paprika und Pfeffer abgeschmeckt. Das geschnittene Gemüse wird anschließend mit der Würzmasse vermischt. Wer die Fischvariante liebt, mischt 50 g Sardellenfilets unter.

Die abgetropften Kohlblätter werden nun mit der Gemüsepaste bestrichen, aufgerollt und in dem Tongefäß übereinander geschichtet, bis es ganz voll ist. Als Abschluss kommen die großen Außenkohlblätter obenauf. Das so vorbereitete Kimchi lässt man abgedeckt für ungefähr vier Tage im kühlen und trockenen Keller (nicht im Kühlschrank) reifen. Es findet dann wie beim Sauerkraut eine Milchsäuregärung statt.

Für eine entsprechend größere Charge nehmen Sie einfach mehrere Köpfe Chinakohl und gehen wie beschrieben vor. Nehmen Sie dann natürlich einen passend großen Gärtopf, den Sie auch für die Sauerkrautherstellung verwenden.

### Kimchi in der Küche

*Kimchi hat eine ganz andere geschmackliche Note als unser Sauerkraut. Sie können es roh in kleinen Portionen mit einem Toast als Vorspeise servieren oder aber Sie dünsten es mit etwas Fett in einer Pfanne an und servieren es als Warmgemüse zu Fleischgerichten.*

schmäcker verschieden. Die einen mögen es knackig, die anderen eher weich. Die es „pappig“ lieben, müssen das Kraut eben entsprechend lange köcheln. Wer es sämig mag, sollte sich eine große Kartoffel ins Kraut reiben und diese mitkochen lassen. Wer in erster Linie an den Erhalt der Nährstoffe denkt, kocht das frische Sauerkraut vom Fass immer kurz, um die wertvollen Inhaltsstoffe möglichst unbeschadet auf dem Teller zu haben.

Das frische Fasskraut benötigt zum Weichwerden natürlich länger als sterilisiertes Kraut. Man müsste es, bis es richtig weich ist, mindestens 1 Stunde kochen. Bei Dosenkraut, in dem die aktiven Milchsäurebakterien durch das Sterilisieren ohnehin nicht mehr wirksam sind, spielt diesbezüglich die Garzeit keine Rolle. Das heißt, man kann das Kraut je nach Vorliebe mehr oder weniger lange kochen. Zu beachten ist jedenfalls, dass bei längerem Kochen viele Nährstoffe in die Lake übergehen, die man dann auf jeden Fall mitessen sollte.

### Das volle Vitamin C im Sauerkraut ausnutzen

- *Rohes, also nicht sterilisiertes Sauerkraut hat den vollen Gehalt an Vitamin C.*
- *Während des Kochens wird dem Sauerkraut ungefähr 50 % Vitamin C entzogen, deshalb das Kochwasser keinesfalls wegschütten, sondern einfach mitessen.*
- *Als Grundregel gilt: Je länger das Sauerkraut gekocht wird, desto größer ist der Verlust an Vitamin C.*

Eingefleischte Sauerkrautesser halten es häufig wie die Witwe Bolte von Wilhelm Busch, die über das Sauerkraut meinte, es sei „...am besten, wenn es wieder aufgewärmt“. Probieren Sie es einfach einmal aus und urteilen Sie selbst: Kochen Sie etwas mehr Sauerkraut als nötig und wärmen Sie es am nächsten Tag wieder auf.

### Sauerkraut für morgen

- *Reste von Sauerkraut können im Kühlschrank ein bis zwei Tage aufbewahrt werden. Wichtig ist, dass das Kraut mit genügend Flüssigkeit bedeckt ist.*

# Rezepte mit Sauerkraut

# Sauerkraut *zum Frühstück*

Wie wäre es, zum Frühstück gleich mit gesundem, knackigem Sauerkraut zu starten? Müslivariationen ohne Ende bringen uns morgens in Schwung und bringen die nötige Energie für den Tag.

## Sauerkraut-Cranberry-Walnuss-Müsli

Für 1 Person
2 EL rohes Sauerkraut
2 EL Naturjoghurt
2–3 EL Ahornsirup
4 EL Milch
4 Walnüsse
¼ Banane
1 EL Cranberries
2 EL Haferflocken

- Sauerkraut abtropfen lassen und klein schneiden.
- Naturjoghurt, Ahornsirup und Milch verrühren.
- Walnüsse knacken und die Nusshälften zusammen mit der geschälten Banane, den Cranberries und den Haferflocken unter das restliche Müsli mischen.
- Nach Bedarf mit etwas mehr Ahornsirup süßen.

## Sauerkraut mit Cerealien und Granatapfel

Für 1 Person
2 EL rohes Sauerkraut
½ Granatapfel
4 EL Haferkissen oder andere Cerealien
125 ml Milch

- Sauerkraut abtropfen lassen und klein schneiden.
- Granatapfel halbieren und aus einer Hälfte mit einem Esslöffel die Kerne herausschaben, zum Sauerkraut geben.
- Haferkissen und Milch hinzugeben.

# Sauerkraut-Blaubeer-Müsli

Für 1 Person

2 EL rohes Sauerkraut
3 EL Früchtemüsli
150 g Fruchtjoghurt, zum Beispiel in der Geschmacksrichtung Maracuja oder Aprikose
2 EL frische Blaubeeren
1 EL Leinsamen, geschrotet

- Sauerkraut abtropfen lassen und klein schneiden.
- Alles zusammen anrichten.
- Wem Süße fehlt, der gibt 1 EL Ahornsirup hinzu.

## Gesunde Leinsamen

*Mit diesem Müsli gönnen Sie sich gleich zwei Superfoods: Sauerkraut und Leinsamen. Wenn Sie sich für Leinsamen begeistern, sollten Sie sich immer die ganzen Leinsamen besorgen und diese vor der Verarbeitung frisch schroten. Denn die kostbaren, kleinen Körnchen werden wegen des Leinöls schnell ranzig, wenn sie geschrotet gelagert werden. Einfache Kaffeemühlen sind für das Schroten bestens geeignet.*

*Die Blaubeeren können durch Beeren der Saison ersetzt werden. Am besten passen süße Früchte.*

*Wer das Müsli etwas süßen möchte, kann Honig oder Ahornsirup nehmen. Manche mögen auch lösliches Kakaopulver dazu.*

## Sauerkraut-Schoko-Müsli

Für 1 Person

2 EL rohes Sauerkraut
3 EL Schokomüsli
3 EL Frucht- oder Naturjoghurt

- Sauerkraut abtropfen lassen und klein schneiden.
- Mit Müsli und Joghurt anrichten.

*Wer etwas mehr Flüssigkeit mag, gibt noch 2 EL Milch oder Orangensaft hinzu.*

## Sauerkraut-Frischkäse-Toast

Für 2 Personen

200 g körniger Frischkäse
2 EL Naturjoghurt
4 EL Sauerkraut
½–1 TL Salz
frisch gemahlener Pfeffer nach Belieben
2 Tomaten
2 Zweige Basilikum
4 Toastbrotscheiben
40 g Butter zum Bestreichen der Toasts

- Den Frischkäse mit dem Naturjoghurt und dem Sauerkraut vermischen, mit Salz und Pfeffer würzen.
- Die Tomaten waschen, in kleine Würfel schneiden und unter den Sauerkraut-Frischkäse mischen.
- Basilikum waschen, die Stiele großzügig abschneiden und die Blätter zum Garnieren verwenden.
- Toastscheiben toasten und bei Bedarf in einem mit einem Tuch ausgekleideten Brotkorb warm halten.
- Toasts buttern und mit dem Sauerkraut-Frischkäse bestreichen, mit den Basilikumblättern garnieren.

Ein weich gekochtes Ei dazu, und für das perfekte Frühstück ist gesorgt.

# Sauerkraut als leckere *Beilage*

Durch die Beigabe verschiedener Gewürze, Kräuter, Früchte, Gemüse oder Nüsse können Sie beim Sauerkraut ganz leicht die unterschiedlichsten Geschmacksvarianten kreieren – passend zu Ihrem Menü. Auch die Wahl der Fette und Öle sowie die Art der Flüssigkeiten, die Sie dem Sauerkraut als Sudgrundlage beigeben, haben einen Einfluss auf das Aroma der Beilage.

## Filderkraut mit Riesling

Für 6 Personen

1 Zwiebel
2 Äpfel
100 g Schweine- oder Gänseschmalz
2 Nelken
2 Lorbeerblätter
1 Prise Kümmel
½ l Riesling
1 kg Sauerkraut aus Filderspitzkraut
300 g Speck
Salz
Zucker

- Zwiebel und Äpfel schälen und fein würfeln.
- In einem Topf die Zwiebel- und Apfelstückchen in Schmalz anschwitzen.
- Nelken, Lorbeerblätter und Kümmel hinzugeben und mit Riesling ablöschen.
- Sauerkraut klein schneiden, Speck fein würfeln.
- Sauerkraut und Speck zugeben und für etwa 1 Stunde sanft köcheln lassen.
- Nelken und Lorbeerblätter herausnehmen.
- Zum Schluss mit Salz und Zucker abschmecken.

*Rieslingkraut wird traditionell mit schwäbischen Bubespitzle (Schupfnudeln) oder zum Rostbraten gegessen.*

## Bierkraut

Für 4 Personen

750 g Sauerkraut
1 Zwiebel
1 EL Schweineschmalz
125 ml Bier
2 Lorbeerblätter
4–5 Wacholderbeeren
Salz
schwarzer Pfeffer

- Das Sauerkraut mit der Gabel zerpflücken.
- Die Zwiebel schälen, würfeln und im erhitzten Schweineschmalz andünsten.
- Das Sauerkraut, Bier und Gewürze hinzufügen und bei geringer Hitze zugedeckt in etwa 30–40 Minuten weich dünsten.
- Zum Schluss die Lorbeerblätter und die Wacholderbeeren herausnehmen.

## Champagnerkraut

Für 4 Personen

2 Zwiebeln
2 EL Butter
1 großer, süßer Apfel
500 g Sauerkraut
4 Wacholderbeeren
6 weiße Pfefferkörner
1 Lorbeerblatt
½ l trockener Champagner oder Sekt
100 g weiße Trauben ohne Kerne
(am besten Sorte 'Sultana')

- Die Zwiebeln schälen, würfeln und in der heißen Butter dünsten.
- Den Apfel schälen, vierteln, das Kerngehäuse entfernen und den Apfel grob raspeln.
- Sauerkraut, Gewürze und Champagner dazugeben und alles zugedeckt 30 Minuten dünsten.
- Die Gewürze herausnehmen, die Trauben mit heißem Wasser übergießen und enthäuten.
- Das Sauerkraut vor dem Anrichten mit den Trauben garnieren.

*Diese Krautspezialität passt sehr gut zu Fleisch-, Wild- oder Geflügelgerichten.*

## Wacholderkraut mit O-Saft

Für 4 Personen
500 g Sauerkraut
1 EL Sonnenblumenöl
400 ml Orangensaft
1 TL Salz
gemahlener Pfeffer
1 großer Apfel
2 EL Wacholderbeeren
3 Lorbeerblätter

- Sauerkraut gut ausdrücken und zum erhitzten Öl geben, kurz andünsten und mit der Hälfte des Orangensafts ablöschen.
- Mit Salz und Pfeffer würzen.
- Apfel in dünne Scheiben schneiden, mit Wacholderbeeren und Lorbeerblättern zum Sauerkraut geben. Alles bei schwacher Hitze zugedeckt ca. 30 Minuten köcheln lassen. Wenn zu viel Flüssigkeit verdampft ist, immer wieder etwas Orangensaft zugeben.
- Nach Ende der Garzeit prüfen, ob die Wacholderbeeren weich sind. Wenn ja, können diese mitgegessen werden; falls man sie nicht mag, sollten Sie sie zusammen mit den Lorbeerblättern vor dem Anrichten herausnehmen.

## Szegediner Kraut

Für 6 Personen
1 Zwiebel
1 Knoblauchzehe
50 g Schweineschmalz
750 g Sauerkraut
½ TL Paprikapulver, edelsüß
1 Msp Kümmel
1 EL Mehl
250 g saure Sahne

- Die Zwiebel schälen und fein würfeln, den Knoblauch schälen und klein schneiden.
- Das Schmalz in einer Pfanne erhitzen, Zwiebel und Knoblauch darin kurz anbraten.
- Das Sauerkraut in einen Topf geben, Zwiebel und Knoblauch hinzufügen und mit Paprikapulver und Kümmel abschmecken.
- Das Kraut 45 Minuten leicht köcheln lassen.
- 10 Minuten vor Ende der Garzeit das Mehl mit der sauren Sahne in einer Tasse verrühren und unter das Kraut mischen; kurz aufwallen lassen, dann nicht mehr kochen lassen, damit die Sahne nicht ausflockt.

*Wacholderkraut – eine tolle Beilage zu gebratenem Schweinefilet und selbst gemachten Spätzle.*

*Diese Krautvariation wird zu Wild und jeder Art Fisch gereicht.*

## Ananaskraut

Für 4 Personen

2 Zwiebeln
2 EL Butter
150 g frische Ananas
500 g Sauerkraut
½ l trockener Weißwein
je 100 g weiße und blaue Trauben

- Die Zwiebeln schälen, würfeln und in der heißen Butter glasig dünsten.
- Die Ananas in Scheiben schneiden, den Strunk entfernen, dann die Scheiben schälen und das Fruchtfleisch würfeln.
- Ananas mit dem Kraut und dem Wein in einen Topf geben und zugedeckt für 30 Minuten köcheln lassen.
- Die Trauben kurz vor dem Servieren mit heißem Wasser überbrühen, enthäuten und auf das Sauerkraut geben.

## Apfelsauerkraut

Für 4 Personen

500 g Sauerkraut
50 g Schweineschmalz
250 ml Fleischbrühe
3 EL Weinessig
1 Zwiebel
3 Nelken
3 säuerliche Äpfel (zum Beispiel Boskop)
½ Zimtstange
Salz
weißer Pfeffer
1 EL Zucker
125 ml Weißwein

- Das Sauerkraut abtropfen lassen und auflockern.
- Das Schmalz in einem Topf erhitzen und das Sauerkraut darin andünsten, anschließend mit der Brühe und dem Essig aufgießen.
- Die Zwiebel schälen und mit den Nelken spicken.
- Äpfel schälen, vierteln und das Kerngehäuse entfernen.
- Die Zwiebel und die Zimtstange mit den Äpfeln zum Kraut geben und mit Salz, Pfeffer und Zucker würzen.
- Den Weißwein angießen, die Zwiebel mit den Nelken sowie die Zimtstange herausnehmen und nochmals kurz aufkochen lassen.

## Gruß aus Franken

Für 4 Personen

100 g gewürfelter Speck
500 g Sauerkraut
1 Zwiebel
1 TL Salz
1 TL gemahlener Kümmel
1 TL gemahlener Majoran
2 Lorbeerblätter
300 ml Wasser
1 kleine rohe Kartoffel
1 TL Mehl zum Binden

- Speck in einem Topf auslassen, Zwiebel würfeln.
- Das Sauerkraut zusammen mit den Zwiebelwürfeln und den Gewürzen zum Speck geben und mit etwa 150 ml Wasser 15 Minuten köcheln lassen. Nach Bedarf die verdampfte Flüssigkeit mit dem restlichen Wasser auffüllen.
- Die rohe Kartoffel reiben und unter das Sauerkraut mischen, zugedeckt für weitere 10 Minuten kochen.
- Um eine sämige Konsistenz zu erreichen, etwas von der Sauerkraut-Flüssigkeit abnehmen und mit dem Mehl in einer Tasse glatt rühren, damit keine Klümpchen entstehen. Mehlmischung in das köchelnde Sauerkraut einrühren, bis es abgebunden ist.

## Sauerkraut orientalisch

Für 4 Personen

50 g gehackte Zwiebeln
30 ml Olivenöl
500 g Sauerkraut
200 ml Weißwein
1 Mango
1 kleine Chilischote
1 TL Fenchelsamen
1 Msp gemahlener Koriander
1 EL abgeriebene Schale einer Bio-Orange
1 EL Rosinen
1 EL klein geschnittene Datteln
1 EL Honig
1 EL Instant-Gemüsebrühe
Salz

- Die Zwiebeln im erhitzten Öl andünsten.
- Sauerkraut in ein Sieb geben und ausdrücken, zu den Zwiebeln geben, kurz mitdünsten.
- Mit dem Weißwein ablöschen und ca. 15 Minuten garen.
- Zwischenzeitlich die Mango schälen, Stein herausnehmen und Fruchtfleisch in kleine Stücke schneiden.
- Chilischote entkernen, in feine Stückchen schneiden.
- Fenchelsamen zerstoßen und zusammen mit dem Koriander, der Orangenschale, den Mango- und Chilischotenstückchen, Rosinen, Datteln und dem Honig zum Sauerkraut geben.
- Gemüsebrühe unterrühren und nach Bedarf mit Salz würzen.

# Für *Salatfans*

Salat in allen Varianten ist stets der Renner am Buffet – aber auch in der Familie, wenn niemand Lust darauf hat, für ein Menü am Herd zu stehen. Sie werden sich nach solch einem leichten Essen auch nicht überladen fühlen. Daher können Sie die folgenden Sauerkraut-Salate, kombiniert mit einem guten Stück Brot oder einem knusprigen Brötchen, auch sehr gut ins Büro mitnehmen.

## Sauerkrautsalat mit Räuchertofu

Für 6 Personen

2 EL Sonnenblumenöl
500 g Sauerkraut
½ l Wasser
1 EL Kümmel
1 Prise gemahlener Pfeffer
Instant-Gemüsebrühe nach Belieben
250 g Räuchertofu
2 EL Olivenöl
1 TL Salz
1 Prise Kurkuma
1 Bund Petersilie
Für die Vinaigrette
3 EL Olivenöl
1 EL Balsamico-Essig
1 EL Orangen-Senf-Soße
½ TL Salz
2 EL Wasser

- Öl in einer Pfanne erhitzen, Sauerkraut kurz darin anbraten und mit dem Wasser ablöschen.
- Mit Kümmel, Pfeffer und Gemüsebrühe würzen. 15–20 Minuten köcheln lassen, bis das Wasser verdampft ist. Abkühlen lassen.
- Tofu in Würfel schneiden und im Olivenöl anbraten, salzen und zum Schluss mit Kurkuma würzen. Abkühlen lassen.
- Petersilie waschen, Stiele wegschneiden, Blätter hacken.
- Sauerkraut, Tofu und gehackte Petersilie mischen.
- Aus den genannten Zutaten eine Vinaigrette herstellen und diese unter den Salat ziehen.

*Mit einem knusprigen Baguettebrötchen ein kleines ausgefallenes Gericht.*

## Elsässer Sauerkrautsalat

Für 4 Personen
250 g Sauerkraut
100 g Roquefortkäse
100 g Crème fraîche
20 g Schnittlauch
30 g Walnusskerne
10 g Kerbel (ohne Stiele)
1 TL frischer Zitronensaft
Salz
Pfeffer

- Sauerkraut über ein Sieb abgießen und in eine Schüssel geben.
- Roquefortkäse würfeln und mit einer Gabel zerdrücken.
- Die Crème fraîche unter den Käse rühren; gewaschenen, geschnittenen Schnittlauch und fein gehackte Walnusskerne zugeben.
- Kerbel waschen, von Stielen befreien, Blätter fein wiegeln und zusammen mit dem Zitronensaft unter die Käsecreme mischen. Salzen, pfeffern und alles gut mit dem Sauerkraut vermengen.

*Ein deftiges Stück Brot dazu – fertig ist eine herrliche Brotzeit!*

## Fruchtiger Sauerkrautsalat

Für 2 Personen
250 g Sauerkraut
1 frische Ananas
75 g weiße und blaue, kernlose Trauben
½ Orange
2 EL Kresse
½ TL Salz
1 Prise gemahlener Pfeffer
1 Prise Currypulver
1 EL Sonnenblumenöl

- Sauerkraut in eine Schüssel geben.
- Ananas mit einem Ananas-Schneider bearbeiten und aus der entstehenden Fruchtspirale drei ca. 1,5 cm dicke Scheiben herausschneiden. Wer keinen Ananas-Schneider hat, schneidet mit einem scharfen Messer zunächst den oberen Teil der Ananas samt den Blättern ab. Dann seitlich von oben nach unten ca. 2 cm dicke Streifen der Schale wegschneiden, drei Scheiben Fruchtfleisch herausschneiden und in mundgerechte Stücke schneiden. Die Ananasstücke und den beim Schneiden ausgetretenen Saft zum Sauerkraut geben.
- Trauben waschen und halbieren, zugeben.
- Orange schälen, weiße Haut vom Fruchtfleisch entfernen, Orange in kleine Stücke schneiden. Saft auffangen und zusammen mit den Fruchtstücken hinzufügen.
- Kresse mit der Schere abschneiden, sodass keine Samen an den Stielen hängen, und 1 EL davon zum Sauerkraut geben.
- Salat mit Salz, Pfeffer, Curry würzen, Öl dazugeben und alles mischen. Beim Anrichten des Salates mit Kresse garnieren.

*Dazu passt ein frisches Baguette.*

## Sauerkraut-Garnelen-Salat

Für 2 Personen

250 g Sauerkraut
1 EL Pflanzenöl
35 g Instant-Gemüsebrühe
etwas Wasser zum Brühen der Garnelen
200 g Party-Garnelen
1 EL Butterschmalz
175 g Mandarinen (aus der Dose)
1 TL Zucker
1 TL Salz
frisch gemahlener schwarzer Pfeffer
3 EL Olivenöl
10 g Rucola-Blätter

- Sauerkraut über einem Sieb abtropfen lassen.
- Öl erhitzen, Sauerkraut darin anschwitzen, Gemüsebrühe zugeben und darin 10 Minuten köcheln lassen. Beiseite stellen und abkühlen lassen.
- Wasser zum Kochen bringen, über die Garnelen geben und diese ca. 3 Minuten ziehen lassen.
- Wasser abgießen und die Garnelen im Butterschmalz goldbraun anrösten.
- Zwischenzeitlich die Mandarinen über ein Sieb abschütten und zusammen mit den Garnelen unter das Sauerkraut mischen.
- Aus Zucker, Salz, Pfeffer und Olivenöl eine Soße herstellen und den Sauerkrautsalat damit würzen.
- Die Rucola-Blätter waschen, die dicken Stiele entfernen, Blättchen klein zupfen und auf den Salat geben.

## Sauerkraut-Möhren-Asia-Salat

Für 4–6 Personen
500 g Sauerkraut
250 g Möhren
1 Apfel
1 daumengroßes Stück frische Ingwerwurzel oder ½ TL Ingwerpulver
60 g getrocknete Beeren, zum Beispiel Beerenmix aus Cranberries, Himbeeren, Blaubeeren
1 EL weißer Balsamico-Essig, alternativ Apfelessig
3 EL Olivenöl
1 TL brauner Zucker
1½ TL Salz
1 EL Sojasoße
1 Prise Asia-Chilipulver

- Sauerkraut in eine Schüssel geben.
- Möhren putzen, schälen und mit einer elektrischen Reibe fein hobeln, zum Sauerkraut geben.
- Apfel schälen, vierteln, entkernen, ebenfalls fein hobeln und unter das Sauerkraut heben.
- Ingwerwurzel schälen, sehr fein schneiden (alternativ Ingwerpulver nehmen) und zur Gemüse-Obst-Mischung geben.
- Die getrockneten Beeren zugeben.
- Eine Salatsoße aus Balsamico-Essig, Öl, Zucker, Salz und Sojasoße anrühren und je nach Belieben mit Asia-Chilipulver würzen.
- Den Rohkostsalat gut mit der Soße vermischen und zugedeckt mindestens 20 Minuten ziehen lassen.

*Mit einem leckeren frischen Brot ist dieser Salat eine tolle Vorspeise. Als Beilage harmoniert er zu Fisch, Fleisch oder Tofubratlingen.*

## Sauerkrautsalat mit Apfel, Birne und Trauben

Für 4 Personen

400 g Sauerkraut
1 reife Birne
1 Apfel
200 g blaue Trauben
1 TL Zitronensaft
3 EL Sonnenblumenöl
Salz
weißer Pfeffer
1 TL Zucker

- Sauerkraut abtropfen lassen.
- Birne und Apfel klein würfeln, Trauben halbieren, entkernen und zum Sauerkraut geben.
- Zitronensaft mit Öl, Salz, Pfeffer und Zucker vermischen und unter den Salat heben.
- Das Ganze zugedeckt 10 Minuten ziehen lassen und vor dem Servieren bei Bedarf nochmals nachwürzen.

*Wenn Sie mögen, mischen Sie noch 50 g gehackte Walnusskerne unter den Salat und rebeln ein paar Blättchen frischen Thymian darüber.*

# Eine heiße Suppe, bitte!

Suppenfans schätzen sie in jeder Form: Ob klare Suppen aus Fleisch, Geflügel, Fisch oder Gemüse, gebundene und pürierte Suppen oder Eintöpfe – richtig zubereitet sind sie nicht nur Appetizer, sondern Hauptspeisen. Sie sind schnell zubereitet und wärmen in der kalten Jahreszeit. Kindern, die bestimmtes Gemüse oder Sauerkraut pur gänzlich ablehnen, können Sie durch Pürieren der Suppengrundlage das nötige Quäntchen Gemüse untermogeln.

## Deftige Sauerkrautsuppe

Für 4 Personen

500 g Kartoffeln
1 Apfel
40 g Butterschmalz
250 g Speckwürfel
500 g Sauerkraut
1 l Rinderfond
100 ml Apfelsaft
1 TL Kümmel
1 TL Salz
frisch gemahlener Pfeffer
1 EL Crème fraîche
1 Zweig Petersilie

- Kartoffeln und Apfel schälen. Kartoffeln achteln, Apfel entkernen und in kleine Scheiben schneiden.
- Butterschmalz erhitzen, Kartoffelspalten, Apfelscheiben und Speckwürfel darin andünsten.
- Sauerkraut hinzufügen, kurz erhitzen und mit dem Rinderfond und dem Apfelsaft ablöschen.
- Kümmel, Salz und Pfeffer zugeben und alles ca. 25 Minuten zugedeckt köcheln, bis die Kartoffeln gar sind. Wenn Flüssigkeit fehlt, mit etwas Wasser auffüllen.
- Bei Bedarf noch etwas nachwürzen und ganz zum Schluss die Crème fraîche unterrühren.
- In einer Suppenschüssel anrichten, mit dem Petersilienzweig dekorieren oder die Petersilienblätter klein hacken und damit die einzelnen Teller bestreuen.

*Für einen warmen Bauch an kalten Tagen ist mit dieser Suppe gesorgt!*

*Mit diesem leckeren Süppchen können Sie Asia-Fans begeistern.*

## Exotische Sauerkrautsuppe mit Mango

Für 2 Personen

1 Zwiebel
1 TL Butter
½ l Gemüsebrühe
250 g Sauerkraut
100 g Mangofruchtfleisch
Salz
1 Prise frisch gemahlener Pfeffer
etwas Ingwerpulver
1 TL Honig
150 g Crème fraîche
1 Bund Dill

- Zwiebel schälen und würfeln.
- Butter in einem Topf schmelzen lassen und die Zwiebelwürfel darin glasig dünsten.
- Mit der Brühe aufgießen und aufkochen lassen.
- Das Sauerkraut zerzupfen, die Mango in kleine Stücke schneiden, beides in die Suppe geben.
- Mit Salz und Pfeffer, Ingwerpulver und Honig würzen.
- Die Suppe für etwa 25 Minuten bei mittlerer Hitze köcheln lassen.
- Den Topf vom Herd nehmen, die Crème fraîche unterrühren und danach die Suppe mit einem Stabmixer pürieren.
- Den Dill waschen, fein schneiden und unter die Suppe mischen.

## Ungarischer Sauerkraut-eintopf

Für 4 Personen

75 g durchwachsener Speck
3 EL Speiseöl
2 Zwiebeln
2 Knoblauchzehen
je 1 grüne, gelbe und rote Gemüsepaprika
500 g Sauerkraut
750 ml Fleisch- oder Gemüsebrühe
½ TL Kümmel
1 Lorbeerblatt
4 geräucherte Bauernbratwürste
1 Dose weiße Bohnen (Einwaage 400 g)
2 EL Tomatenmark
½ EL Paprikapulver, edelsüß
Salz
Pfeffer

- Den Speck in Würfel schneiden und im erhitzten Öl in der Pfanne auslassen.
- Zwiebeln und Knoblauchzehen schälen, würfeln und mitdünsten.
- Die Paprika putzen und in Streifen schneiden.
- Das Sauerkraut locker zerzupfen, mit der Brühe, dem Kümmel und dem Lorbeerblatt zu den Speckzwiebeln geben.
- Die Suppe etwa 10 Minuten garen lassen, dann die Paprikastreifen und die Bauernbratwürste hinzufügen. Weitere 10 Minuten simmern lassen.
- Die Bohnen mit dem Tomatenmark und dem Paprikapulver dazugeben, mit Salz und Pfeffer nach Belieben würzen und kurz aufkochen lassen.
- Zuletzt das Lorbeerblatt herausnehmen.

# Sauerkraut-Klassiker

Wer an Sauerkraut denkt, hat in der Regel die klassischen Rezepte im Kopf. Und ja, die haben ihren Reiz nie verloren. Für Liebhaber und jene, die es werden wollen, werden hier die guten alten Rezepte zum Nachkochen vorgestellt.

## Sauerkraut mit Nürnberger Würstchen

Für 4 Personen

1 mittelgroße Zwiebel
1–2 Äpfel
30 g Butter- oder Schweineschmalz
750 g Sauerkraut
1 EL Wacholderbeeren
3 Lorbeerblätter
1 TL Zucker
1 EL Kümmel
150 ml Cidre, alternativ Weißwein
2 EL Sonnenblumenöl
16 Nürnberger Bratwürstchen
Für das Kartoffelpüree
1 kg mehlige Kartoffeln
60 g Butter
300 ml Milch
Salz

- Zwiebel pellen, Äpfel vierteln, Kerngehäuse entfernen, dann Äpfel und Zwiebel klein schneiden.
- Butter- oder Schweineschmalz erhitzen, Äpfel- und Zwiebelstücke darin andünsten.
- Sauerkraut zugeben, erhitzen. Wacholderbeeren, Lorbeerblätter, Zucker und Kümmel untermischen.
- Alles mit dem Cidre bzw. Weißwein ablöschen und für 15–20 Minuten köcheln lassen.
- Für das Kartoffelpüree Kartoffeln schälen, vierteln und in leicht gesalzenem Wasser garen. Wasser abschütten und die noch heißen Kartoffeln mit einem Kartoffelstampfer zerdrücken oder alternativ eine Kartoffelpresse verwenden.
- Auf dem Herd unter Rühren mit einem Schneebesen Butter und Milch nach und nach einarbeiten.
- Nicht zu stark erhitzen und mit Salz abschmecken.
- Ungefähr 6 Minuten vor Ende der Garzeit des Sauerkrauts das Sonnenblumenöl in einer Pfanne erhitzen und die Nürnberger Würstchen von allen Seiten goldbraun darin anbraten.

## Sauerkraut mit schwäbischen Schupfnudeln

Für 4 Personen

2 EL Butterschmalz oder Sonnenblumenöl
300 g Sauerkraut
ca. 100 ml Wasser
Salz nach Belieben
1 großer Apfel
100 g gewürfelter Speck
400 g Schupfnudeln

- 1 EL Butterschmalz bzw. Öl im Topf erhitzen, das Sauerkraut im Fett andünsten und mit ein wenig von dem Wasser ablöschen, Salz zugeben. Während des Kochens Wasser nachgießen, sofern es verdampft ist.
- Apfel schälen, achteln, entkernen, in feine Scheiben schneiden und zum Kraut geben.
- Alles zusammen für ca. 20 Minuten köcheln lassen.
- Kurz vor Ende der Garzeit des Krauts 1 EL Butterschmalz oder Öl in einer Pfanne erhitzen, die Speckwürfel und die Schupfnudeln hinzugeben und braten, bis die Schupfnudeln von beiden Seiten her goldbraun sind. Mit dem Sauerkraut anrichten.

## Badisches Schäufele mit Kartoffelstampf

Für 4 Personen

850 g Schäufele (gepökelte, geräucherte Schweineschulter)
500 g Sauerkraut
500 g Kartoffeln
1½ TL Salz
100 g Butter
200 ml Vollmilch
1 TL gemahlener Kümmel

- Schäufele zusammen mit dem Sauerkraut in den Schnellkochtopf geben, Kümmel und Salz zugeben und das Fleisch zur Hälfte mit Wasser bedecken, Topf verschließen und ca. 60 Minuten kochen. Alternativ im Kochtopf bei mittlerer Stufe ca. 1,5 Stunden gar kochen, dabei hin und wieder Wasser nachgießen.
- Kartoffeln schälen, achteln, mit Wasser bedecken, Salz zugeben, mit Deckel verschließen und auf höchster Stufe zum Kochen bringen.
- Danach Deckel abnehmen, Herdplatte auf mittlere Stufe stellen und Kartoffeln ca. 25 Minuten gar kochen.
- Anschließend Wasser abgießen, Butter zugeben, mit einem Kartoffelstampfer Kartoffeln zerdrücken. Nach und nach erwärmte Milch zugeben, wieder stampfen, bis ein cremiger Kartoffelstampf entstanden ist.
- Nach Bedarf mit Salz nachwürzen.

## Szegediner Gulasch

Für 4 Personen
300 g Zwiebeln
60 g Fett zum Braten
10 g Paprikapulver, edelsüß
600 g Schweineschulter oder gemischtes Gulasch
1 Knoblauchzehe
Salz
Pfeffer
Kümmel
500 g Sauerkraut
2 rote Gemüsepaprika
125 ml saure Sahne
etwas Mehl
1 Bund frischer Dill

- Die Zwiebeln schälen, in dünne Ringe schneiden und in einer Pfanne im Fett goldgelb anbraten.
- Die Pfanne vom Feuer nehmen, den Paprika einstreuen und mit etwas Wasser ablöschen.
- Das Fleisch grob würfeln, mit der zerdrückten Knoblauchzehe, Salz, Pfeffer und Kümmel zu den Zwiebeln geben und für ungefähr 30 Minuten dünsten.
- Das Sauerkraut zugeben und weitere 30 Minuten mitkochen lassen. Nachdem es 10 Minuten auf niedriger Hitze gekocht wurde, die gewaschenen, entkernten und in größere Stücke geschnittenen Gemüsepaprika zugeben und zusammen die restlichen 20 Minuten köcheln lassen.
- Zum Schluss die saure Sahne mit dem Mehl verrühren und untermischen. Einige Minuten köcheln lassen.
- Vor dem Anrichten mit frisch gehacktem Dill bestreuen.

*Zu diesem Sauerkraut-Klassiker aus der ungarischen Küche passen Nudeln, Bratkartoffeln, aber auch Serviettenknödel oder Salzkartoffeln als Beilagen.*

# Vegetarische Sauerkrautgerichte

Der Trend, auf Fleisch wenigstens teilweise zu verzichten und damit bewusster zu essen, hält ungebremst an. Und auch wenn Sie kein Vegetarier sind, lassen Sie sich von den folgenden Rezepten inspirieren! Sie werden das Fleisch garantiert nicht vermissen.

## Sauerkraut-Asiapfanne mit Kokosmilch

Für 4 Personen

300 g Kartoffeln
300 g Möhren
2 grüne Gemüsepaprika
1 rote Gemüsepaprika
2 EL Sonnenblumenöl
300 g Sauerkraut
¼ l Gemüsebrühe
2 TL Salz
1 TL Pfeffer
2 EL Sojasoße
2 TL brauner Zucker
20 g fein geriebener Ingwer
100 g Mungobohnenkeimlinge
1 Dose Kokosmilch

- Kartoffeln und Möhren schälen und mit einem Spiralschneider in Streifen schneiden, Paprika entkernen und in feine Streifen schneiden.
- Öl in einer Wok-Pfanne erhitzen, Kartoffel- und Möhrenstreifen anrösten, restliches Gemüse zugeben. Kurz andünsten und mit Gemüsebrühe ablöschen.
- Gewürze hinzufügen und etwa 20 Minuten köcheln lassen. Die Keimlinge zugeben und weitere 20 Minuten leicht köcheln.
- Zum Schluss die Kokosmilch zufügen.

# Überbackene Sauerkraut-Spätzle

Für 6 Personen

Für das Sauerkraut

1 Gemüsezwiebel
1 EL Butterschmalz
500 g Sauerkraut
400 ml Apfelsaft
1 TL Salz
1 TL Instant-Gemüsebrühe
gemahlener Pfeffer
3 Lorbeerblätter

Für die Käse-Masse

250 g Dickmilch
2 Eier
1 TL Salz
1 Prise gemahlene Muskatnuss
1 Prise Pfeffer
150 g geriebener Cheddar-Käse
50 g geriebener Parmesan-Käse, alternativ jede Art von Reibekäse

Für die Spätzle

750 g Mehl
5 Eier
1½ TL Salz
½ l Mineralwasser

- Zwiebel klein hacken und im erhitzten Butterschmalz goldbraun dünsten.
- Gut ausgedrücktes Sauerkraut darin andünsten und zunächst mit 200 ml Apfelsaft ablöschen.
- Mit Salz, Gemüsebrühe und Pfeffer würzen und mit den Lorbeerblättern bei schwacher Hitze zugedeckt 25–30 Minuten köcheln lassen. Wenn zu viel Flüssigkeit verdampft ist, immer wieder etwas Apfelsaft zufügen.
- Nach Ende der Garzeit die Lorbeerblätter herausnehmen und das Sauerkraut warm stellen.
- Käsemasse aus Dickmilch, Eiern, Gewürzen und geriebenem Käse herstellen. Beiseite stellen.
- Zubereitung der Spätzle: Mehl in eine Schüssel geben, Eier und Salz zufügen und mit dem Rührgerät unter langsamer Zugabe des Mineralwassers einen dicken Teig herstellen.
- Etwa 2 l Wasser mit 1 EL Salz zum Kochen bringen, den Teig portionsweise mithilfe eines Spätzle-Drückers oder -Schabers ins kochende Wasser geben und jeweils 2–3 Minuten aufkochen lassen.
- Danach die fertigen Spätzle mit einer Siebkelle abschöpfen und in eine feuerfeste Auflaufform geben.
- Zum Schluss die Käsemasse mit dem Sauerkraut mischen, über die Spätzle streichen und mit einer Gabel auch unterziehen.
- Im vorgeheizten Backofen bei 175°C Umluft ca. 15 Minuten überbacken.

Reichen Sie dazu einen knackigen grünen Salat.

## Sauerkraut-Pastetchen

Für 4 Personen
1 Zwiebel
2 EL Sonnenblumenöl
200 g Sauerkraut
2 TL Salz
gemahlener, schwarzer Pfeffer
2 Avocados
6 Zweige frischer Dill
400 g Erbsen (aus der Dose)
4 EL Worcestersoße
150 ml Sojasahne
12 Mini- oder 8 normale Königinnen-Pasteten aus Blätterteig
2 EL Butter

- Zwiebeln schälen und fein würfeln.
- Öl in einer Pfanne erhitzen, Zwiebeln darin goldbraun andünsten.
- Sauerkraut abtropfen lassen, zu den Zwiebeln geben, Salz und Pfeffer zugeben und bei geringer Hitze ca. 10 Minuten köcheln lassen.
- Zwischenzeitlich die Avocados schälen, den Stein jeweils entfernen und das Fruchtfleisch in kleine Würfel schneiden.
- Dillzweige waschen und mit Küchenkrepp trocken tupfen. Von vier der Zweige die Blätter von den Stielen schneiden und klein hacken.
- Die Erbsen über ein Sieb abtropfen lassen und 300 g davon zusammen mit den Avocadowürfeln und dem Dill unter das Sauerkraut mischen. Worcestersoße und Sojasahne unterziehen und alles warm stellen.
- Parallel dazu den Backofen auf 175°C Ober-/Unterhitze vorheizen, die Königinnen-Pasteten auf ein Backblech setzen und 15 Minuten backen.
- Die Butter in einem kleinen Topf schmelzen und darin die restlichen Erbsen erwärmen.
- Danach die Pasteten auf vorgewärmte Teller platzieren, die Deckel abnehmen und jeweils etwas Sauerkraut-Füllung hineingeben. Etwas von den Erbsen vor die Pasteten geben und die Tellerränder mit dem restlichen Dill schmücken.

## Sauerkraut-Pizza mit Oliven

Für 4 Personen

Für den Teig

500 g Pizzamehl Typ 00 (erhältlich in Mühlen), alternativ Weizenmehl Typ 405
40 g Frischhefe
1 Prise Zucker
¼ l lauwarmes Wasser
3 TL Salz
8 EL Olivenöl

Für den Belag

1 Dose Tomaten (420 g, Abtropfgewicht ca. 240 g)
1 EL Tomatenmark
1 Knoblauchzehe
Salz und Pfeffer nach Belieben
1 EL getrocknete, italienische Kräutermischung
150 g Sauerkraut
100 g Oliven
200 g geriebener Käse, zum Beispiel Emmentaler, Gouda oder Mozzarella
5 EL Olivenöl

- Mehl in eine Schüssel geben, eine Mulde hineindrücken, die Hefe darin zerkrümeln und mit Zucker und etwas Wasser vermengen. Zugedeckt ca. 15 Minuten an einem warmen Ort gehen lassen.
- Dann restliches Wasser, das Salz und das Olivenöl hinzufügen und alles zu einem glatten Teig verarbeiten. Wiederum zugedeckt an einem warmen Ort ca. 45 Minuten gehen lassen.
- Danach den Teig auswellen und auf ein mit Backpapier ausgelegtes Backblech legen.
- Anschließend die Tomaten in eine Schüssel geben, mit einer Gabel leicht zerkleinern, das Tomatenmark und die geschälte, gepresste Knoblauchzehe unterrühren. Die Soße mit Salz, Pfeffer und den italienischen Kräutern würzen auf dem Pizzateig verteilen.
- Das Sauerkraut gleichmäßig auf der Pizza verteilen, mit Oliven belegen und mit geriebenem Käse bedecken.
- Zum Schluss den Belag mit dem Olivenöl beträufeln und im vorgeheizten Backofen bei 160 °C Umluft 15–20 Minuten backen, bis der Käse zerlaufen und der Teig am Rand leicht angebräunt ist.

*Dazu passt ein grüner Salat. Nicht-Vegetarier können ihre Sauerkraut-Pizza zusätzlich mit 150 g Salami, gekochtem Schinken oder Thunfisch belegen.*

## Pikante Sauerkraut-Muffins

Für 4 Stück

3 große Kartoffeln
3 EL Sauerkraut
1 EL Butterschmalz
4 EL Mehl
2 EL geriebener Parmesan-Käse
1 Ei
Salz
Pfeffer
1 EL Sonnenblumenöl zum Fetten der Form

- Kartoffeln schälen und wenn möglich zusammen mit dem Sauerkraut durch eine elektrische Reibe raspeln. Wenn Sie nur eine Handreibe besitzen, sollten Sie die Kartoffeln fein reiben und das Sauerkraut quer zerschneiden.
- In einer Pfanne das Butterschmalz erhitzen, Sauerkraut und Kartoffeln darin leicht anrösten. Die Masse in eine Rührschüssel geben, etwas abkühlen lassen und mit dem Mehl, dem Parmesan und dem Ei vermengen. Zuletzt mit Salz und Pfeffer würzen.
- Die Masse in eine gefettete Silikon-Muffinform oder eine mit Papier-Muffinförmchen versehene Muffin-Backform geben.
- Im vorgeheizten Backofen (175°C Umluft bzw. 200°C Ober-/Unterhitze) ca. 45 Minuten backen.

Mit einem gemischten Salat servieren.

## Sauerkraut-Rösti

Für 4 Personen
700 g Kartoffeln
2 EL Mehl
150 g Sauerkraut
1 Ei
geriebene Muskatnuss
1 TL Salz
1 Prise gemahlener schwarzer Pfeffer
1 saftige Birne
4 EL Hüttenkäse
3 EL Sonnenblumenöl oder Butterschmalz

- Kartoffeln schälen, fein reiben und ausdrücken.
- Mehl darübersieben.
- Sauerkraut ausdrücken und zusammen mit dem Ei unter die Kartoffeln mischen.
- Die Kartoffel-Sauerkraut-Masse mit Muskatnuss, Salz und Pfeffer würzen.
- Birne schälen, in sehr feine Stücke schneiden und unter den Hüttenkäse mengen.
- Mit einem Esslöffel Rösti aus der Kartoffel-Sauerkraut-Masse formen. Falls die Masse zu klebrig ist, etwas mehr Mehl zugeben.
- Öl oder Butterschmalz portionsweise in einer Pfanne erhitzen und die Rösti goldbraun darin ausbraten.
- Fertige Rösti auf Küchenkrepp auslegen, damit überschüssiges Fett ausläuft.
- Rösti auf Tellern anrichten und jeweils einen Klecks vom Hüttenkäse obenauf setzen.

Zu den Rösti schmeckt ein Blattsalat.

*Dazu passt ein fruchtiger Tomatensalat.*

## Sauerkraut-Veggie-Burger mit Tofu

Für 4 Personen

1 Avocado
Salz
Saft von ½ Limette
250 g Sauerkraut
125 g Tofu (natur oder geräuchert)
2 EL Olivenöl
1 TL Kurkuma
Pfeffer
4 Vollkornbrötchen

- Avocado halbieren, Kern herausnehmen und Fruchtfleisch herausschaben, mit etwas Salz und Limettensaft mit einer Gabel fein zerdrücken.
- Sauerkraut abtropfen lassen.
- Tofu in feine Streifen schneiden.
- Öl erhitzen, die Tofu-Streifen kross anbraten und auf einem Küchenkrepp entfetten.
- Sauerkraut in derselben Pfanne ca. 2 Minuten anbraten und mit Kurkuma und Pfeffer würzen.
- Halbierte Brötchen mit Avocadocreme bestreichen.
- Tofu-Streifen sternförmig gefächert darauflegen.
- Mit Sauerkraut toppen. Brötchendeckel auflegen.

# Sauerkraut mit Fisch

Einmal pro Woche sollte Fisch auf Ihrem Speiseplan stehen. Viele haben wenig Zeit zum Kochen und möchten nicht allzu lange in der Küche stehen. Mit diesen drei Sauerkraut-Fisch-Rezepten werden gleich zwei Fliegen mit einer Klappe für Ihre Gesundheit geschlagen.

## Sauerkraut-Thuno-Brötchen

Für 4 Personen

4 Roggenbrötchen
4 EL Tomatenmark
125 g Sauerkraut
1 Dose Thunfisch im eigenen Saft
1 Kästchen Kresse

- Roggenbrötchen aufschneiden und auf den Unterseiten mit Tomatenmark bestreichen.
- Brötchen dick mit abgetropftem, rohem Sauerkraut belegen.
- Saft des Thunfischs abgießen, Fisch mit der Gabel in kleine Stücke zerteilen und diese zuoberst auf die Brötchen legen.
- Mit einer Schere Kresse abschneiden und die Sauerkraut-Thuno-Brötchen damit dekorieren. Brötchendeckel aufsetzen.

*Diese Brötchen sind ein vollwertiges Essen fürs Büro.*

# Quittenkraut mit Räucherforelle und Kartoffel-Wedges

Für 4 Personen

700 g Quitten (Rohware)
5 EL Sonnenblumenöl
1 EL Majoran
1 TL Instant-Gemüsebrühe
Salz
gemahlener schwarzer Pfeffer
200 ml naturtrüber Apfelsaft
1 kg Kartoffeln
Olivenöl
500 g Sauerkraut
4 geräucherte Forellenfilets

- Quitten schälen, Kernhaus großzügig entfernen und in ca. 1 cm große Würfel schneiden. Es sollte etwa 350 g Quittenwürfel ergeben.
- Öl in einem Schnellkochtopf erhitzen, die Quittenwürfel darin anrösten, mit Majoran, Gemüsebrühe, Salz und Pfeffer würzen und mit Apfelsaft ablöschen. Alles ca. 3 Minuten im Schnellkochtopf garen. Wer keinen Schnellkochtopf hat, kann die Quittenwürfel zusammen mit dem Sauerkraut und dem Apfelsaft im herkömmlichen Topf zubereiten. Die Garzeit beträgt dann ca. 25 Minuten. Gewürzt wird mit den Zutaten, wie beschrieben. Vielleicht müssen Sie während der Garzeit noch etwas Wasser nachgießen, sollte die Flüssigkeit völlig verdampft sein.
- Die Kartoffeln schälen, in Viertel oder je nach Kartoffelgröße in Achtel (Wedges) schneiden, damit die Stücke nicht zu dick sind.
- Die Wedges auf ein mit Backpapier belegtes Backblech verteilen, salzen und mit Olivenöl einpinseln.
- Im vorgeheizten Backofen bei 200°C Umluft ca. 30 Minuten garen.
- Das Sauerkraut parallel dazu im herkömmlichen Topf unter Zugabe von etwas Salz erhitzen und ca. 25 Minuten garen.
- Die Forellenfilets auf ein weiteres Backblech mit Backpapier legen und die letzten 10 Minuten zu den Wedges in den Backofen geben, damit sie warm werden.
- Quittenkraut auf einem Teller zusammen mit den Wedges und den Forellenfilets anrichten.

## Lachs mit Ananas-sauerkraut

Für 4 Personen
1 große Zwiebel
1 EL Sonnenblumenöl
1 EL Curry
3 Nelken
750 g Sauerkraut
100–120 ml Apfelsaft oder Süßmost
1 TL Salz
Pfeffer
½ frische Ananas
4 Lachsstücke à 150 g
2 EL Mehl
2–3 EL Olivenöl

- Zwiebel abziehen, hacken und im heißen Öl andünsten, bis sie goldgelb ist.
- Curry, Nelken und das abgetropfte Sauerkraut zugeben und ca. 6 Minuten mitdünsten.
- Mit 100 ml Apfelsaft oder Most ablöschen, mit Salz und Pfeffer würzen und ca. 20 Minuten garen. Wenn zu viel Flüssigkeit verdampfen sollte, mehr Apfelsaft oder Most zugeben. Curry-Sauerkraut warm stellen.
- Ananas schälen, mit einem Ananas-Schneider vom Strunk befreien und die Hälfte des Fruchtfleisches in acht Scheiben schneiden. Sofern man keinen Ananas-Schneider besitzt, die Ananas vertikal mit einem scharfen, großen Messer schälen und das Fruchtfleisch seitlich vom Strunk der Länge nach abschneiden. Das Fruchtfleisch in dünne Streifen schneiden.
- Zwischenzeitlich die Lachstranchen mit heißem Wasser abspülen, mit Küchenkrepp trocken tupfen, beidseitig mit Salz und Pfeffer würzen.
- Ananasscheiben bzw. Ananasstreifen und die Lachstranchen im Mehl wenden.
- Zuerst die Ananasscheiben bzw. -streifen in ca. 1 EL Olivenöl goldgelb braten, warm stellen.
- Bemehlte Lachsstücke im restlichen Öl beidseitig jeweils 4 Minuten braten. Ein Fischstück anschneiden, um festzustellen, ob der Fisch gar ist.
- Curry-Sauerkraut nochmals richtig warm machen, portionsweise auf Tellern anrichten und mit den Ananasscheiben und dem Fisch servieren.

# Leckeres aus dem *Ofen*

Heiße und knusprige Ofengerichte liebt jeder! Vor allem, weil sie nach kurzer Vorbereitung wie von alleine fertig werden. Sauerkraut im Auflauf macht diesen saftiger und gibt eine säuerliche Note, sodass er herrlich frisch schmeckt. Die Tarteletts mit Sauerkraut sind eine tolle Sache, wenn Gäste kommen und Sie nicht viel Aufwand beim Kochen haben möchten.

## Kassler im Brotteig mit tomatisiertem Sauerkraut

Für 6 Personen

650 g Sauerkraut
1 kleine Zwiebel
1 EL Sonnenblumenöl
2 EL Tomatenmark
200 ml Weißwein oder Sekt
2 Lorbeerblätter
2 EL Honig
Salz
Pfeffer
1 ovales oder rundes Roggenmischbrot (1 kg)
1 kg Kassler-Rücken ohne Knochen
3 EL mittelscharfer Senf

- Sauerkraut in einem Sieb abtropfen lassen.
- Zwiebel abziehen und fein hacken, im heißen Öl anschwitzen.
- Sauerkraut und Tomatenmark dazugeben.
- Mit Wein bzw. Sekt ablöschen und kurz aufkochen.
- Lorbeerblätter hinzufügen und ca. 25 Minuten köcheln lassen.
- Lorbeerblätter entfernen, das Sauerkraut mit Honig, Salz und Pfeffer abschmecken.
- Zwischenzeitlich den Backofen auf 150°C Umluft vorheizen.
- Am oberen Teil des Brotes einen Deckel abschneiden, das Innere ausreichend aushöhlen.
- Auf dem Boden des Brots Sauerkraut verteilen.
- Kassler mit Senf bestreichen und in das Brot legen.
- Sauerkraut darauf verteilen und den Brotdeckel auflegen.

- Brot in Alufolie einschlagen und für 70–80 Minuten bei 150 °C auf der mittleren Schiene im Ofen backen.
- Nach ungefähr 60 Minuten den Deckel vom Brot abheben und prüfen, ob das Kassler fast gar ist; sollte es noch sehr fest sein, die Garzeit nochmals um 10 Minuten verlängern.
- Für die restliche Backzeit die Alufolie abnehmen, sodass das Brot oben leicht bräunen kann.

## Sauerkrautstrudel

Für 6 Personen

1 Apfel
1 Zwiebel
2 EL Olivenöl
400 g Sauerkraut
100 ml Gemüsebrühe
1 Packung Blätterteig (275 g)
4 Saitenwürstchen (Wienerwürstchen)
4 EL feiner Dijon-Senf
1 Eigelb
1 EL Milch

- Apfel schälen, Kerngehäuse entfernen und würfeln.
- Zwiebel abziehen und würfeln.
- Öl erhitzen, Apfel und Zwiebel darin andünsten, Sauerkraut zugeben und mit der Brühe angießen. 15 Minuten im offenen Topf garen.
- Blätterteig mit dem Backpapier auf ein Backblech legen, die Hälfte des Sauerkrauts darauf verteilen, dabei einen kleinen Rand frei lassen.
- Würstchen dick mit Senf bestreichen, längs auf das Sauerkraut legen und mit dem restlichen Sauerkraut abdecken.
- Den Blätterteig zu einem Strudel aufrollen und die Ränder fest andrücken.
- Eigelb und Milch verquirlen, den Strudel damit bestreichen und im vorgeheizten Backofen bei 200 °C Ober-/Unterhitze (Umluft 180 °C) 25–30 Minuten backen.

*Dazu passen Blattsalate, besonders gut schmeckt Ackersalat (Feldsalat).*

# Oktoberfest-Sauerkraut mit Haxe

Schmeckt ohne alles, aber ein kühles Glas Bier sollten Sie sich dazu gönnen.

Für 6 Personen
1 Packung Semmelknödel im Kochbeutel
etwas Butter oder Margarine zum Fetten der Form
750 g Sauerkraut
300 ml Milch
100 g Bergkäse
2 TL Instant-Gemüsebrühe
1 EL gemahlener Kümmel
gemahlener Pfeffer
1 Schweinshaxe (ca. 1,5 kg)
4 EL mittelscharfer Senf
Mehl
5 EL Sonnenblumenöl
Salz

- Semmelknödel nach Packungsanweisung kochen.
- Die fertigen Knödel aus dem Wasser nehmen, unter kaltem Wasser kurz abschrecken und die Kochbeutel entfernen. Knödel in Scheiben schneiden.
- Die Knödel-Scheiben abwechselnd mit dem abgetropften Sauerkraut in eine gefettete Auflaufform schichten.
- Für den Guss die Milch erhitzen.
- Den Käse in kleinere Stücke schneiden und in der Milch schmelzen, mit Gemüsebrühe, Kümmel und Pfeffer würzen.
- Guss auf dem Auflauf verteilen und im vorgeheizten Backofen bei 160 °C Umluft (Ober-/Unterhitze 200 °C) ca. 30 Minuten backen.
- Das Fleisch der Haxe in mundgerechte Stücke schneiden, mit Senf bestreichen, salzen und in Mehl wenden.
- Öl in einer Pfanne erhitzen, die Fleischstücke darin von beiden Seiten 25–30 Minuten auf kleiner Stufe goldbraun braten.
- Die Fleischstücke auf die geschichteten Knödel mit Sauerkraut verteilen und servieren.

## Süßkartoffel-Sauerkraut-Auflauf

Für 6 Personen
1 kg Süßkartoffeln
3 rote Zwiebeln
150 g Bacon-Scheiben
Blättchen von 1 Bund Majoran
Blätter von 1 Bund glatter Petersilie
500 g Birnen
500 g Sauerkraut
125 ml Birnensaft
frisch gemahlener schwarzer Pfeffer
150 g Crème fraîche
100 g Mascarpone
30 g Butter
1 EL Zitronensaft

- Süßkartoffeln schälen, würfeln und in Salzwasser 20 Minuten kochen.
- Inzwischen Zwiebeln pellen und achteln.
- 100 g Bacon quer in kurze Streifen schneiden, in einer großen Pfanne knusprig braten; Zwiebeln mit andünsten.
- Majoran und Petersilie getrennt voneinander grob hacken.
- Birnen schälen, vierteln, das Kerngehäuse entfernen und Fruchtfleisch in dicke Spalten schneiden.
- Sauerkraut, Birnen und die Hälfte des Majorans zugeben; mit Birnensaft ablöschen, mit Pfeffer und Zitronensaft würzen.
- Zugedeckt 10 Minuten leise köcheln lassen, dann Crème fraîche und Mascarpone unterrühren.
- Ofen auf 200 °C Ober-/Unterhitze (Umluft 180 °C) vorheizen.
- Sauerkraut in einer gebutterten Auflaufform verteilen.
- Süßkartoffeln abgießen, kurz auf dem Herd ausdampfen lassen und mit Butter stampfen. Restlichen Majoran und Petersilie unterrühren.
- Süßkartoffelbrei auf dem Kraut, restliche Bacon-Streifen darauf verteilen.
- Auflauf auf mittlerer Schiene ca. 35 Minuten backen.

## Sauerkraut-Minitartelettes mit salzig-süßem Teig

Für den Mürbeteig, für 8 Minitartelettes oder eine Kuchenform (Ø 28 cm)

250 g Mehl
100 g Butter
1 Ei
40 g Zucker
1 TL Salz
1 TL Backpulver
50 ml Milch
Mehl für die Arbeitsfläche

Für den Belag

300 g Sauerkraut
150 g Crème fraîche
4 Eier
200 ml Milch
100 g geriebener Parmesan-Käse
150 g Speckwürfel
1 EL TK-Kräuter (z.B. 8-Kräuter-Mischung)
Salz
Pfeffer

- Für den Mürbeteig Mehl auf eine Arbeitsfläche geben, Butter in Stücken, Ei, Zucker, Salz, Backpulver und Milch dazugeben und zu einem Teig verarbeiten.
- Für den Belag Sauerkraut über einem Sieb abtropfen lassen, in eine Schüssel geben.
- Crème fraîche, Eier und Milch einrühren, Parmesan und Speckwürfel zugeben, mit Kräutern, Salz und Pfeffer würzen.
- Mürbeteig auf leicht bemehlter Arbeitsfläche auswällen und Tarteletteformen bzw. die Kuchenform damit belegen.
- Sauerkrautbelag darauf verteilen.
- Den Backofen auf 175 °C Umluft (190 °C Ober-/Unterhitze) vorheizen und Tartelettes etwa 25 Minuten goldgelb backen.

# Ausgefallenes und Exotisches mit Sauerkraut

Mal richtig hinklotzen in der Küche und die edlen Krapfen auftischen. Oder Mut beweisen und den geliebten Rouladen ein Innenleben aus Sauerkraut verpassen. Das ist Kochlust pur mit Sauerkraut!

## Sauerkrautkrapfen auf Frikadelle

Für 3 Personen

Für den salzigen Hefeteig

300 g Mehl
½ Würfel frische Hefe
1 TL Zucker
1 TL Salz
100 ml lauwarme Milch
2 EL Öl zum Poppen des Amarant
1 Tasse Amarant
Mehl für die Arbeitsfläche

Für die Füllung

1 Scheibe Brot oder Toastbrot
1½ EL Sonnenblumenöl
2 große säuerliche Äpfel
1 EL Butter
1 Kaffeetasse Sauerkraut
1 EL Frischkäse natur
Salz
Pfeffer
4 Frikadellen aus ca. 200 g gemischtem Hackfleisch (alternativ vegetarische Burger, zum Beispiel aus Räuchertofu)
2 EL Sonnenblumenöl
1,5 l Rapsöl für die Fritteuse

- Mehl, Hefe, Zucker, Salz und Milch mit dem Knethaken in einer Schüssel zu einem Hefeteig verrühren, mit einem Tuch abdecken und an einem warmen Ort ca. 30 Minuten gehen lassen.
- Zum Poppen des Amarants einen Topf mit Deckel sehr heiß werden lassen, etwas Öl hinzufügen und jeweils so viel Amarant zugeben, dass der Boden gerade bedeckt ist. Zudecken, wenn der Amarant gepoppt ist, die fertige Portion in ein Schälchen geben, beiseite stellen.
- Für die Füllung Brot in Würfel schneiden, Öl in einer Pfanne heiß werden lassen und Croutons herstellen, danach kalt stellen.
- Beide Äpfel schälen, entkernen, einen davon in kleine Würfel schneiden, den anderen in Scheiben schneiden und in 1 EL Butter andünsten, beiseite stellen.
- Rohes, ausgedrücktes Sauerkraut in einer Schale mit Frischkäse und dem gewürfelten Apfel mischen, salzen und pfeffern.
- Hefeteig auf einer bemehlten Fläche etwa in der Größe eines Bleches dünn ausrollen.
- Von der Sauerkraut-Frischkäse-Füllung esslöffelweise Häufchen im Abstand

von ca. 8 cm auf eine Hälfte des Teigs setzen. Die andere Teighälfte darüberklappen und an den Enden festdrücken.
- Mit einem großen Glas oder Becher (Ø ca. 7 cm) jeweils kreisrund die Krapfen ausstechen, danach die Ränder nochmals gut andrücken.
- Zeitgleich die Frikadellen von beiden Seiten in Sonnenblumenöl anbraten, warm stellen.
- Das Rapsöl in der Fritteuse erhitzen, die Krapfen darin goldbraun frittieren, entnehmen und im gepoppten Amarant wälzen.
- Frikadellen mittig durchschneiden, mit Apfelscheiben belegen und einen Krapfen darauf platzieren.

## Sauerkraut-Pfannkuchen mit Paprika

Für 4 Personen

Für die Sauerkrautfüllung

10 rote Minipaprika, alternativ 1 rote Gemüsepaprika
2 EL Olivenöl
200 g gekochter, gewürfelter Schinken
500 g Sauerkraut
½ TL Salz
Pfeffer
4 TL getrocknete, italienische Kräutermischung
3 EL Crème fraîche

Für den Pfannkuchenteig

250 g Mehl
4 Eier
1 TL Salz
400 ml Milch
Butterschmalz oder Sonnenblumenöl zum Ausbacken

- Da Minipaprika in der Regel kein Kernhaus haben, Gemüse waschen, halbieren und in sehr kleine Stückchen schneiden. Bei Verwendung von Gemüsepaprika diese halbieren, das Kernhaus herausschneiden und die Paprika ebenfalls sehr fein schneiden.
- Das Öl in einem Topf erhitzen, die Paprikastücken darin dünsten, die Schinkenwürfel zugeben und kurz mitdünsten lassen.
- Danach das ausgedrückte Sauerkraut, Salz, Pfeffer und Kräuter zugeben und bei schwacher Hitze erwärmen, Crème fraîche unterrühren, dann beiseite stellen.
- Für den Pfannkuchenteig Mehl, Eier und Salz in eine Rührschüssel geben; nach

und nach die Milch zugeben und mit dem Rührgerät zu einem flüssigen Teig verarbeiten. Die Konsistenz des Teiges ist vergleichbar mit der von flüssiger Sahne.
- Zum Ausbacken der Pfannkuchen eine beschichtete Pfanne erhitzen, je Pfannkuchen ca. 1 TL Butterschmalz oder ½ EL Öl zugeben und so viel vom Teig nehmen, dass der Pfannenboden leicht bedeckt ist (ungefähr ¾ eines Suppenschöpflöffels).
- Pfannkuchen bei mittlerer Hitze beidseitig je ca. 2 Minuten goldbraun backen.
- Die fertigen Exemplare auf eine Platte oder einen Teller legen und im vorgeheizten Backofen (150 °C) warm halten.
- Auf Tellern anrichten, mit 2–3 EL der Sauerkrautfüllung füllen und aufrollen.

*Servieren leicht gemacht: Die gefüllten Pfannkuchen aufrollen und in eine Auflaufform legen, bei 150 °C im Backofen warm halten, bis der letzte Pfannkuchen gebacken ist. In der Auflaufform servieren.*

## Sauerkraut mit Falafel und Bulgur

Für 4 Personen
Für das Sauerkraut
1 Zwiebel
1 EL Olivenöl
500 g Sauerkraut
1 TL Salz
1 TL gemahlener Kreuzkümmel
1 TL Kurkuma
ca. 100 ml Wasser

Für die Falafel
200 g getrocknete Kichererbsen
3–5 Frühlingszwiebeln
1 Bund glatte Petersilie
½ Bund Koriandergrün
200 g Weiße Bohnen (aus der Dose)
Salz, Pfeffer
2 TL gemahlener Kreuzkümmel
1 EL Backpulver
4–6 EL Semmelbrösel
1 l Sonnenblumenöl zum Frittieren

Für den Bulgur
300 g Bulgur (Weizengrütze)
600 ml Wasser
2 TL Salz
1 EL Instant-Gemüsebrühe
1 Bund glatte Petersilie

- Für die Falafel die Kichererbsen über Nacht in kaltem Wasser einweichen.
- Dann das arabisch gewürzte Sauerkraut vorbereiten, dazu die Zwiebel schälen und klein hacken. Olivenöl im Topf erhitzen und Zwiebel darin andünsten.
- Sauerkraut hineingeben, Salz und Gewürze hinzufügen und mit dem Wasser ablöschen.

- Etwa 15 Minuten köcheln lassen und wenn Flüssigkeit fehlt, weiteres Wasser angießen.
- Wasser der Kichererbsen am nächsten Tag abgießen, Kichererbsen mit Küchenkrepp trocken tupfen.
- Frühlingszwiebeln putzen, längs halbieren und sehr klein schneiden.
- Petersilie und Koriander waschen, Stiele abtrennen, Blätter grob hacken.
- Bohnen über einem Sieb abtropfen lassen, mit Küchenkrepp abtrocknen und zusammen mit den Kichererbsen, Frühlingszwiebeln, gehackten Kräutern, Salz, Pfeffer und Kreuzkümmel in die Küchenmaschine geben und pürieren.
- Das Backpulver unter das Püree mischen. Falls die Masse zu klebrig ist, etwas von den Semmelbröseln untermischen.
- Mit der Hand kleine Taler formen, in Semmelbröseln wälzen. Alternativ einen Falafelportionierer verwenden.
- Sonnenblumenöl auf 175 °C erhitzen, Falafel jeweils 8–10 Minuten darin goldgelb ausbacken.
- Für den Bulgur das Wasser salzen, mit Gemüsebrühe würzen und zum Kochen bringen, Bulgur zufügen und aufkochen lassen, danach vom Herd nehmen und zugedeckt 15 Minuten quellen lassen.
- Glatte Petersilie waschen, die abgetrennten Blätter hacken und unter das fertige Bulgur mischen. Mit Falafel und Sauerkraut anrichten.

*Wer mag, kauft sich die schon fertigen Falafel als TK-Ware beim türkischen oder arabischen Feinkostladen und brät sie, wenn keine Fritteuse zur Hand ist, in der Pfanne.*

*Klassisch wird dazu Basmati-Reis gegessen.*

## Sauerkraut-Chop-Suey

Für 4 Personen

30 g Ingwer
100 ml Sojasoße
1 Zimtstange
3 Sternanis
4 Stücke brauner Kandiszucker
3 Spritzer Tabasco
1½ TL Salz
Pfeffer
300 g Schweinefilet
250 g Sauerkraut
90 g Mungobohnenkeimlinge
175 g Mandarinen (aus der Dose)
1 EL Öl zum Anbraten des Fleisches

- Für die Marinade den Ingwer schälen und sehr fein würfeln.
- Die Sojasoße in einen Topf geben, Ingwer, Zimtstange, Sternanis, Kandis, Tabasco, ½ TL Salz und etwas Pfeffer zufügen und kurz aufkochen, bis sich der Kandis aufgelöst hat.
- Das Schweinefilet in feine Streifen schneiden, mit dem Sauerkraut, den Mungobohnenkeimlingen und den abgetropften Mandarinen in eine Schüssel geben und mit der Marinade übergießen.
- Das Fleisch zugedeckt im Kühlschrank zwei bis drei Tage durchziehen lassen.
- Anschließend Zimtstange und Sternanis entnehmen, Fleisch aus der Marinade nehmen, im heißen Öl anbraten, Marinade zugießen und köcheln lassen, bis alles gar ist.
- Dabei nochmals mit restlichem Salz und etwas Pfeffer würzen.

## Kürbiskraut mit blauen Trauben

Für 4 Personen

500 g Sauerkraut
250 g Kasseler Lachsbraten
150 ml Wasser
500 g Kartoffeln
1 kleiner Hokkaido-Kürbis
4 EL Olivenöl
250 ml Gemüsebrühe
300 g kernlose blaue Trauben
Salz
Pfeffer

- Sauerkraut mit dem Kasseler Lachsbraten und dem Wasser in einen Topf geben und zugedeckt 90 Minuten köcheln lassen. Alternativ die Zutaten in einen Schnellkochtopf geben und 40 Minuten kochen.
- Kartoffeln schälen und in einen Topf mit Salzwasser geben. In den letzten 25 Minuten der Kochzeit des Sauerkrauts gar kochen.
- Hokkaido-Kürbis waschen, entkernen und mit Schale in ca. 1,5 cm große Würfel schneiden.
- Olivenöl in einem Topf erhitzen und Kürbiswürfel darin anbraten.
- Mit Gemüsebrühe ablöschen und in den letzten 20 Minuten der Kochzeit des Sauerkrauts bei mittlerer Hitze köcheln.
- Trauben waschen und halbieren.
- Kasseler Lachsbraten am Ende der Kochzeit aus dem Sauerkraut nehmen.
- Das Sauerkraut mit den gekochten Kürbiswürfeln und den Trauben vermengen. Mit Salz und Pfeffer abschmecken und nochmals erhitzen.
- Den Lachsbraten in feine Scheiben schneiden und mit Kürbiskraut und Kartoffeln servieren.

## Sauerkraut-Pilz-Reis

Für 4 Personen

250 g Sauerkraut
1 EL Öl
150 ml Gemüsebrühe
120 g Champignons
1 EL Sonnenblumenöl
1 EL frische, fein gewiegte Thymian- und Rosmarinblätter
1 TL Salz
frisch gemahlener Pfeffer
140 g Basmati-Reis
400 ml Wasser
4 EL Soja-Sahne
einige Zweige Majoran

- Sauerkraut im erhitzten Öl anschwitzen, mit Gemüsebrühe ablöschen und zugedeckt ca. 15 Minuten köcheln lassen.
- Champignons putzen, waschen und in sehr feine Scheiben schneiden.
- Sonnenblumenöl in der Pfanne erhitzen, Pilze darin dünsten, Kräuter, Salz und Pfeffer zugeben und ca. 5 Minuten köcheln lassen.

- Pilze unter das Sauerkraut mischen, Reis zugeben und mit einem Teil des Wassers auffüllen.
- Alles weiter köcheln lassen, immer wieder so viel Wasser zugeben, damit nichts ansetzt.
- Wenn der Reis gar ist, die Gemüsepfanne mit der Soja-Sahne verfeinern und der Optik wegen den Tellerrand mit einigen Zweigen frischem Majoran dekorieren.

*Dazu passt gegrilltes Fleisch. Vegetariern schmeckt das Gericht mit einem leckeren Tomatensalat.*

## Sauerkrautrouladen

Für 4 Personen

4 Rinderrouladen
3 TL Senf
Salz
Pfeffer
Currypulver
Paprikapulver, edelsüß
3 rote Gemüsepaprika
2 Tomaten
100 g Knollensellerie
150 g Sauerkraut
3 EL Öl
2 EL Tomatenmark
2 TL Instant-Gemüsebrühe
200 ml Wasser
2 TL Mehl

- Rouladenfleisch mit Küchenkrepp abtupfen, beidseitig mit Senf bestreichen und mit Salz, Pfeffer und den übrigen Gewürzen würzen.
- Gemüsepaprika waschen, halbieren, Kernhaus entfernen und Fruchtfleisch in kleine Würfel schneiden.
- Tomaten waschen und vierteln.
- Unteres und oberes Ende der Sellerieknolle abschneiden, Knolle mit einer Gemüsebürste unter fließendem Wasser gut abbürsten, mit einem Messer rundum schälen. Sellerie in ca. 2 cm dicke Scheiben schneiden und anschließend würfeln. Von den Selleriewürfeln 100 g abwiegen, der restliche Sellerie kann in Gefrierbeutel verpackt und eingefroren werden.
- Das Sauerkraut in einem Sieb gut ausdrücken, auf den Rouladen verteilen, diese aufrollen und mit Rouladenspießen zusammenstecken.
- Das Öl in einem Topf erhitzen und die Rouladen darin von allen Seiten scharf anbraten, zum Schluss das Gemüse zugeben, kurz mitbraten.
- Tomatenmark und Gemüsebrühe untermischen, mit dem Wasser aufgießen.
- Rouladen 60–75 Minuten zugedeckt köcheln lassen; sollte zu viel Wasser verdampft sein, ab und zu nachgießen. Im Schnellkochtopf beträgt die Garzeit nur ca. 40 Minuten.
- Die fertigen Rouladen aus der Flüssigkeit nehmen.
- Wer keine Gemüsestücke in der Soße mag, kann diese zunächst mit einem Pürierstab pürieren. Soße nochmals aufkochen, etwa 3 EL davon in eine Tasse mit dem Mehl geben und so lange mit einer Gabel rühren, bis es keine Klümpchen mehr gibt.
- Das Soßen-Mehl-Gemisch nach und nach mit einem Schneebesen in die heiße Soße rühren und kurz aufkochen, bis sie auf die gewünschte Konsistenz eingedickt ist.

Hübsch sehen aufgeschnittene Rouladen aus, die Sie auf Tellern drapieren. Dazu passen Schwäbische Spätzle oder ein selbst gemachter Kartoffelstampf.

*Schmeckt gut zu gegrilltem Fleisch und ist eine echte Alternative zu Zwiebeln.*

## Sauerkrautstroh

Für 4 Personen
ca. 1,5 l Rapsöl zum Frittieren (für eine kleine Fritteuse)
500 g Sauerkraut
Salz

- Öl in der Fritteuse auf ca. 170 °C erhitzen.
- Sauerkraut in einem Sieb abtropfen lassen und portionsweise (jeweils etwa ein Viertel der Menge) im heißen Fett ca. 4–5 Minuten goldbraun frittieren.
- Mit einer Siebkelle entnehmen, Öl abtropfen lassen.
- Das Sauerkrautstroh auf eine mit Küchenkrepp ausgelegte Platte geben, damit das überschüssige Fett aufgesaugt wird, leicht salzen.

*Wenn Sie keine Fritteuse besitzen, können Sie das Stroh auch in einem Topf machen. Decken ihn aber auf jeden Fall ab, da es durch die Feuchtigkeit des Sauerkrauts spritzt.*

## Sauerkrautbrot

Für 1 Brot
750 g Weizen- oder Dinkel-Vollkornmehl (oder gemischt)
20 g Brotgewürz (bestehend aus je 5 g Kümmel, Anis, Fenchel- und Koriandersamen, alle gemahlen)
1 EL Salz
1 Würfel Frischhefe
350 ml lauwarmes Wasser
150 g Sauerkraut
150 g Erbsen (aus der Dose)

- Das Mehl in eine Schüssel geben, mit dem Brotgewürz und dem Salz vermischen.
- Eine Vertiefung in der Mitte drücken, die Hefe zerbröckeln und mit 50 ml lauwarmem Wasser etwas vermengen. Diesen Vorteig zugedeckt 15 Minuten gehen lassen.
- Das Sauerkraut in einem Elektromixer oder mit einem Pürierstab zerkleinern, damit die Sauerkrautfäden später nicht im Brot stören.
- Nach dem Gehen des Vorteigs weitere 300 ml lauwarmes Wasser, die Erbsen und das Sauerkraut zufügen, zu einem glatten Teig verarbeiten und zugedeckt nochmals 30 Minuten gehen lassen.
- Den Teig erneut durchkneten und in einer Brotback- oder Kastenform mit etwas Mehl bestäubt im vorgeheizten Backofen bei 160 °C Umluft bzw. bei 220 °C Ober-/Unterhitze ca. 50 Minuten backen. Wenn Sie eine kleine ofenfeste Schüssel mit Wasser in den Backofen hineinstellen, sorgt das für mehr Feuchtigkeit und ein besseres Aufgehen des Brots.

*Ein herzhaftes Brot, das gut zu Käse, Wurst oder würzigen vegetarischen Aufstrichen passt.*

# Süße Verführungen und Drinks

Für unerwartete süße Überraschungen mit Sauerkraut sorgen die unkomplizierten Rezept-Ideen für Muffins, Eis und Sauerkraut-Apfelmus. Mit den köstlichen Sauerkraut-Smoothies beginnen Sie Ihren Tag mit einer extra Portion Gesundheit.

## Sauerkraut-Schoko-Muffins

Für 6 Personen

100 g Sauerkraut
70 g Margarine
2 Eier
150 g Zucker
1 Päckchen Vanillezucker
130 g Mehl
½ Päckchen Backpulver
1 Prise Salz
75 g Kakaopulver
50 ml Wasser

- Den Ofen auf 175°C Umluft vorheizen.
- Das Sauerkraut mit reichlich Wasser in der Küchenmaschine klein häckseln (oder einfach sehr fein schneiden), in einem Sieb gut durchspülen und ausdrücken.
- Aus allen weiteren Zutaten einen Rührteig zubereiten und zuletzt das Sauerkraut unterheben.
- In ein mit Papier-Muffinförmchen ausgelegtes Muffin-Blech füllen und ungefähr 25 Minuten backen.

*Diese Muffins lassen sich hervorragend einfrieren. Das Sauerkraut gibt ihnen den Frischekick!*

## Buttermilchwaffeln mit Sauerkraut-Apfelmus

Für 4 Personen
Für das Sauerkraut-Apfelmus
750 g Äpfel
250 g Sauerkraut
6 EL Apfelsaft
75 g Zucker
1 TL Zimt

Für den Waffelteig
100 g weiche Butter
2 Eier
2 EL Zucker
150 g Weizenmehl
½ TL Backpulver
125 ml Buttermilch
1 Vanilleschote, alternativ 2 Päckchen Vanillezucker
2 EL Pflanzenmargarine zum Einfetten des Waffeleisens
Puderzucker zum Bestäuben

- Zuerst das Sauerkraut-Apfelmus vorbereiten, dazu die Äpfel schälen, vierteln und die Kerngehäuse entfernen. Zusammen mit den übrigen Apfelmus-Zutaten so lange kochen, bis die Äpfel weich sind. Alles pürieren und abkühlen lassen.
- Für den Waffelteig die Butter mit Eiern und Zucker schaumig rühren.
- Mehl mit Backpulver mischen und über die Butter-Ei-Masse sieben, mit der Buttermilch zu einem geschmeidigen Teig verrühren.
- Auf einem Brettchen als Unterlage das Mark der Vanilleschote mit einem Messer herauskratzen und mit dem Teig vermischen. Alternativ den Vanillezucker untermengen.
- Vor dem Backen der Waffeln den Teig ungefähr 10 Minuten ruhen lassen.
- Das Waffeleisen erhitzen, mit etwas Margarine ausfetten und aus je 2 EL Teig eine Waffel backen.
- Die fertigen Waffeln mit etwas Puderzucker bestäuben.

## Sauerkraut-Eis

Für 6 Personen
500 g säuerliche Äpfel
225 g Sauerkraut
200 ml Apfelsaft
150 g Zucker
1 Vanillezucker
225 g Mascarpone
125 g saure Sahne
2 EL Calvados, alternativ naturtrüber Apfelsaft

- Die Äpfel schälen, entkernen und würfeln, sodass sich ca. 300 g Apfelwürfel ergeben.
- Mit dem abgetropften Sauerkraut, dem Apfelsaft und dem Zucker sowie Vanillezucker aufkochen. Bei geringer Hitze ca. 15 Minuten köcheln lassen.
- Mit dem Stabmixer fein pürieren und abkühlen lassen.
- Mascarpone, saure Sahne und Calvados verrühren, unter die Sauerkrautmasse mischen.
- Für ungefähr 45 Minuten in eine Eismaschine geben. Alternativ in ein gefriergeeignetes Gefäß füllen und 1–1,5 Stunden im Tiefkühlfach gefrieren lassen, ab und zu umrühren.
- Eis mithilfe eines Kugelformers portionsweise in eine Schale oder auf einen Dessertteller geben.

# Exotischer Sauerkraut-Smoothie

Für 2 Personen
250 g Sauerkraut
1 Mango
¼ frische Ananas
1 TL Olivenöl
evtl. lauwarmes Wasser oder Orangensaft

- Sauerkraut in einen Mixer füllen.
- Mango schälen, das Fruchtfleisch vom Kern lösen und klein schneiden.
- Ananas mit einem Ananas-Schneider vom Strunk befreien, die entstehenden Scheiben in kleine Würfel schneiden. Wer keinen Ananas-Schneider hat, schneidet mit einem scharfen Messer zunächst den oberen Teil der Ananas samt den Blättern ab. Dann seitlich von oben nach unten ca. 2 cm dicke Streifen der Schale wegschneiden und das Fruchtfleisch herausschneiden. Die hölzernen Augen entfernen, danach ein Viertel des Fruchtfleisches in mundgerechte Stücke schneiden.
- Sauerkraut, Früchte und Öl im Mixer auf niedriger Stufe klein hacken, dann auf hoher Stufe pürieren und anschließend auf Wunsch mit Wasser oder Orangensaft verdünnen.

*Kiwi-Apfel-Variante: Sie können anstelle der Ananas auch 3–4 Kiwis verwenden und gleichzeitig die Mango durch 2 Äpfel ersetzen. Wem die Süße fehlt, der kann 1 EL Ahornsirup oder Honig zufügen.*

# Service

## Bezugsquellen und Beratung

**Frisches Sauerkraut online bestellen**
Seefried, der Naturmetzger:
www.fleischlust.com

EDEN: www.eden.de

**Gärtöpfe, Krauthobel, Sauerkrautstampfer**
Schmitt MS Steinzeug und Keramikwaren:
www.ms-steinzeug.com

**Fundierte medizinische Beiträge zur Ernährung**
Deutsche Gesellschaft für Ernährung e. V. (DGE), Bonn: www.dge.de

Deutsches Krebsforschungszentrum (DKFZ): www.krebsinformationsdienst.de

## Buchtipps

Barlösius, E. (2011): Soziologie des Essens. Eine sozial- und kulturwissenschaftliche Einführung in die Ernährungsforschung. Verlag Beltz Juventa, Weinheim.

Barlösius, E. (2014): Dicksein. Wenn der Körper das Verhältnis zur Gesellschaft bestimmt. Verlag Beltz Juventa, Weinheim.

Bellersen Quirini, C. (2015): Fermentieren. Das Rezeptbuch. Lecker und selbst gemacht. Verlag Eugen Ulmer, Stuttgart.

Biesalski, H./Grimm, P./Nowitzki-Grimm, S. (2015): Taschenatlas Ernährung. Verlag Georg Thieme, Stuttgart.

Bingemer, S. (2016): Superfoods. Kraftpakete aus der Natur. Ratgeber Gesundheit. Verlag Gräfe und Unzer, München.

Emme, M., Friedl, D. (2016): Regionale Winterküche. Soja- und weizenfrei, vegan. Verlag Eugen Ulmer, Stuttgart.

Fachmann, W./Kraut, H. (2011): Der kleine Souci. Lebensmitteltabelle für die Praxis. Wissenschaftliche Verlagsgesellschaft, Stuttgart.

Franke, W. (1997): Nutzpflanzenkunde. Nutzbare Gewächse der gemäßigten Breiten, Subtropen und Tropen. Verlag Georg Thieme, Stuttgart.

Greiner, K. (2016): Superfood heimische Wildpflanzen.
Verlag Eugen Ulmer, Stuttgart.

Heinrich, B. (2010): Landfrauen kochen. Traditionsrezepte aus Württemberg.
Verlag Eugen Ulmer, Stuttgart.

Lechner, J./Teichmann, A: (2016): High Carb Vegan. Die gesunde Low Fat Küche.
Verlag Eugen Ulmer, Stuttgart.

Martin, S. (2005): Heilsames Gemüse. Rezepte mit dem gewissen Extra.
Österreichischer Agrarverlag, Leopoldsdorf, Österreich.

Pfleger, L. (2014): Vegan, regional, saisonal. Einfache Rezepte für jeden Tag.
Verlag Eugen Ulmer, Stuttgart.

Schrot&Korn (2016): Schrot&Korn Kochbuch. Vegetarisch, vegan, saisonal.
Verlag Eugen Ulmer, Stuttgart.

## Bildquellen

Die Fotos stammen von der Autorin mit Ausnahme der folgenden:

AS Food studio/Shutterstock.com: Titelfoto
dabjola/Shutterstock.com: 12/13
Dar1930/Shutterstock.com: 20/21
Ed Samuel/Shutterstock.com: 37
joannawnuk/Shutterstock.com: 18
Karl Allgaeuer/Shutterstock.com: 4
kitzcorner/Shutterstock.com: 64
marekuliasz/Shutterstock.com: 48
Reinhard, Hans: 11, 55
Reuter, Silke: 66, 122
Sea Wave/Shutterstock.com: 27 (125), 28
StockFood/Castilho, Rua: 50/51
StockFood/Eising Studio-Food Photo&Video: 58 links
StockFood/Gräfe&Unzer Verlag/Brauner, Michael: 77
StockFood/Gräfe&Unzer Verlag/Daan Matthis: 58 rechts, 59 (3)
StockFood/Gräfe&Unzer Verlag/Neubauer, Mathias: 68/69 (127)
StockFood/Peters, Ina: 74 (2)
Taiftin/Shutterstock.com: 36
Teubner Foodfoto: 17
Wiktory/Shutterstock.com: 23
Württembergische Landesbibliothek Stuttgart (Signatur: Gew.fol.143-1, S. 214): 9
Zoonar/Erich Teister: 15
Zoonar/Karl Allgaeuer: 52

# Register

**Haftungssausschluss**
Die in diesem Buch enthaltenen Empfehlungen und Angaben sind von der Autorin mit größter Sorgfalt zusammengestellt und geprüft worden. Eine Garantie für die Richtigkeit der Angaben kann aber nicht gegeben werden. Autorin und Verlag übernehmen keinerlei Haftung für Schäden und Unfälle.

**Bibliografische Information der Deutschen Nationalbibliothek**
Die Deutsche Nationalbibliothek verzeichnet diese Publikation in der Deutschen Nationalbibliografie; detaillierte bibliografische Daten sind im Internet über http://dnb.d-nb.de abrufbar.


Wollgrasweg 41, 70599 Stuttgart (Hohenheim)
E-Mail: info@ulmer.de
Internet: www.ulmer-verlag.de
Lektorat: Ina Vetter, Antje Krause
Herstellung: Silke Reuter
Umschlagentwurf: Verlag Eugen Ulmer
Satz: r&p digitale medien, Echterdingen
Druck und Bindung: Firmengruppe APPL, aprinta Druck, Wemding
Printed in Germany

**ISBN 978-3-8001-0330-0**